COOP HIMMELB(L)AU

LE CORBUSIER

DANIEL LIBESKIND

KENGO KUMA

ZAHA HADID

马西米里阿诺·福克萨斯

MASSIMILIANO FUKSAS

经典与新锐——建筑大师专著系列

【意】安德烈·卡瓦尼 编著

杜军梅 译

王 兵 校

马西米里阿诺·福克萨斯

中国建筑工业出版社

目　录

作品掠影

罗马的欧洲会展中心，丙烯颜料画，意大利罗马
罗马的欧洲会展中心，照片与模型，意大利罗马
维也纳的双子塔，奥地利维也纳
岩画博物馆，法国尼奥
马拉内罗的法拉利研究中心，意大利马拉内罗

作品掠影　　　　罗马的欧洲会展中心，丙烯颜料画

作品掠影　　　　　维也纳的双子塔

引

言

转型中的建筑

马西米里阿诺·福克萨斯（Massimiliano Fuksas）是目前国际舞台上最著名的意大利建筑师之一，其职业生涯开始于20世纪60年代末的罗马。而他的声名在20世纪80年代中期就传到了法国；彼时，他已完成了一系列重要公共工程项目，成功地证明了其作为建筑师的能力和才华。1989年，他与多丽安娜·O. 曼德雷丽（Doriana O. Mandrelli）在巴黎成立工作室，至今仍在运行；1993年，他又在维也纳成立了新的工作室。此后不久即重返罗马，开展了其新时期的众多大型项目：欧洲会展中心、维也纳的双子塔、在雅法为希蒙·佩雷斯建造的和平之家和在马拉内罗的法拉利新总部等，此外还有米兰新会展中心、阿玛尼专卖店，以及一些为帝国大道做的设计。福克萨斯的名声得益于他对设计项目的远见卓识及其团队的集体想象力，包括建成项目和尚停留在图纸上的奇思妙想。

1944年，福克萨斯出生于罗马，父亲是立陶宛人，母亲是意大利人。他就读于罗马一大建筑学院。那些年正是对罗马的朱利亚谷区争论最激烈的时期；他积极地参与这场辩论。在罗马狂热的环境中，他结识了那个时代最著名的知识分子和艺术家们，如帕索里尼、阿索尔·罗萨、贝托鲁奇等；在与艺术史学家乔治·卡斯泰尔接触后，他又开始接触绘画，并在德·基里科的工作室工作了一段时间。在他的画作中，丙烯颜料原本的特性和颜色直接而迅速地反映了物体结构。

1967年，他开设了第一个罗马事务所，两年后毕业即开始紧张的工作。很快，他就忙于意大利中部众多公共工程的设计项目。

片段

1979年，他与安娜·玛丽亚·萨科尼一起完成了帕利亚诺的健身中心。这个设计充满了激情和创新，倾斜扭曲的立面就像是建筑倒塌前的那一瞬间。倾斜顺应了地形的坡度，与场地的呼应给人以虚幻的错觉。陆续呈现在随后几年的项目中，是对元素的分解和对碎片意向表达的研究和实际表达。包括1985-1992年的奇维塔·卡斯特拉纳的新公墓和1980-1990年的卡西诺市政厅。恰恰是20世纪80年代中期，各地小城镇的这些实际建设项目，使他的实验性思考可以通过实践证明。

福克萨斯近年来的项目致力于研究设计元素在协调或张力条件下的不和谐与对抗。而他大学时的老师布鲁诺·赛维，则明确反对证明"对立结构"关系的必要性："布鲁诺·赛维总是告诉我，我没有照顾到空间；他是对的，我是没有照顾到。在20世纪80年代初我就开始研究间隙空间。我探讨的是中间状态，我在意元素之间的距离。我首先关注的是'空'，而不是满或空间。于是，我开始使用简单的几何形体进行设计，将一个完全异质的外来元素与一个元素对峙。"在那个大多数意大利批评家对空间静态特性的感知并无认同的年代，这些有关设计思考的议题是他个人对建筑设计领域新的、研究性方向的正确预见。

感性认识

1987年，埃鲁维尔-圣克莱尔市长访问意大利期间，通过与罗马建筑师会面，表示非常乐意邀请福克萨斯为他的市民们创作新的建筑方案。福克萨斯建议他的三个建筑师朋友——奥托·施泰德、让·努韦尔、威廉·艾尔索普，同他一起来建造一座欧洲塔。这座塔由四段组成，每一段都有建筑师自己的风格和语言。虽然这个项目并没有展现太多的独创性，但当其组合成为超级结构时效果相当强烈，其充满挑衅和革新的设计吸引了法国批评家们的关注，引发了对于自主和不协调的形式组合在快速分层的城市中所展现优势的思考。四位建筑师的设计在当年生机勃勃的法国文化背景下产生了越来越大的吸引力，也许这并不是一个巧合，几年后他们已经成为新一代建筑师的榜样。

令人瞩目的是，福克萨斯的建筑设计作品已经初步得到意大利以外国家的认可，尤其是法国的项目让他获得了国际声誉。法国评论家帕特里斯·古利特被他建筑设计中原始的表达力所震撼，并利用自身的影响力促成了福克萨斯的设计出现在许多出版物上。和欧洲其他国家相比，法国更为广泛地采用了行之有效的途径进行设计竞赛，这不仅加速了时代的变化，而且引发了更为广泛的讨论和争论。福克萨斯以一个建筑师的角色，获得了政治和社会中的重要位置，恢复了建筑设计在政府策略的中心地位。甚至可以毫无争议地发现两个巧合：当今世界最知名的两位意大利建筑师——福克萨斯和皮亚诺，正是因为他们在法国工作的那些年，形成并确立了自己的知名度。

1987年以来，福克萨斯设计的公共工程项目虽然日益复杂，但仍展现了与前期作品较为明显的连续性。在雷泽文化和多媒体中心（1987-1991年）中，混凝土的建筑主体旁边，倾斜的黑色巨石（monolith）般的媒体图书馆似乎被一股强力推倒一边。这个设计再次展现了他对于出乎意料效果的尝试，并且体现出更多的控制和更少的词汇，似乎是地面沉降造成的建筑下沉。这里不再是二维的表面裂痕，更确切地说是体块或雕塑的断裂。巴黎的伊洛特·坎迪·圣贝纳德（1989-1995年）则体现了对于复杂性进一步的发展，该项目功能包括住宅、商业空间、运动设施和停车场，实现了材料很强的可塑性，完全被锌板覆盖，屋顶采用曲形，顶部挑出一个相同材料覆盖的立

上图：帕利亚诺的健身中心
下图：雷泽文化和多媒体中心

方体，平衡地悬浮在空中，表达着断裂和不稳定所产生的张力。

建筑被福克萨斯塑造成一种"不稳定的场景"，给观者以环绕的感官体验。运动被固定在一个框架内，通过变相、愤怒、材料与应和的手法去表达重力。建筑不是静态的和已完成的，而是鲜活地穿越了感知，去追寻不和谐、抗拒、突变，随视角变化而变化。在某种意义上，福克萨斯的建筑更像是一部非常有感悟力的影片，那些相继的影像总是给我们提供局部的视图，似乎是以一定的顺序呈现一座难以理解的建筑。正如福克萨斯自己介绍在尼奥的岩画博物馆（1988-1993年）那样："这个设计主要的想法是让人有进入世外桃源的感觉，经过一条窄窄的通道。其实，我的许多设计里都采用了被狠狠挤压的一瞬间，然后空间豁然开朗，进入到一个相当大尺度的空间——136米高；之后空间被再次收缩到1.7米，一个可以俯瞰山谷的、感觉非常危险的大露台。所以说这有两条路径：一条是从光明到幽暗的旅程，一条是从幽暗到光明的旅程。"感官的旅程，与图像、暗示、壮丽景色的序列一起，使观众似乎成为建筑师"阴谋的受害者"，其实，却成为场景中的主角。

活动

通过一座巨大的锈铁雕塑到达尼奥岩洞——它被公认为一座极有吸引力的建筑，并成为该处的一个标志。随后的项目，包括欧洲公园购物中心和维也纳双子塔，其概念的产生同样始于在地域尺度下与文脉的对话。在福克萨斯这两个奥地利的项目中都需要处理城市有机体的节点，也是通过建筑的视觉动态呈现处理了大尺度城市的复杂性，并使得地标建筑成为城市的基础设施。维也纳双子塔（1995-2001年）是超过130米高的玻璃摩天大楼，两个塔平面之间的夹角为59°，画廊和商业空间共用一个大平台。从城市南部平直的城市道路快速而直接地穿越该地区，从很远的地方就能看见双塔，它们统治了整个领域，处于一个"战略"高地上。随着人们的移动，每个位置和角度都能看到它们，两个体块之间的旋转提供了动态和不断变换的景象。它们的侧面总是充满变化：一个尖锐而一个扩张，先重叠而后再分开，体现了透明性、纪念性和动态性。维也纳双子塔作为建成的城市综合体，成为福克萨斯研究性项目中反复出现的主题。甚至在萨尔茨堡的大型购物中心（1993-

1997年）项目中，快速路也与新综合楼相连接。从高速公路上驾车的情况看，建筑形象稍显即逝，必须采用有力的形式。其覆盖的红色波浪形的金属网格，让人联想到海浪；立面同样是采用夜间背光的巨型"欧洲公园"标志。福克萨斯的设计研究似乎总在通过革命的手段丰富建筑的"信息"：设计的进程恰当地借用了其他学科成果和设计语言并立即将其运用于实践活动中。福克萨斯感觉自己更接近艺术，而不是建筑。

电影、文学、雕塑、舞台设计、广告和自然景观一起，为建筑设计提供了广泛的参照资源，它们以即时性的沟通姿态丰富了建筑领域的信息。福克萨斯坚信，建筑一旦成为自我参照就会失去其承载的信息，而拷贝其自身不会产生任何交流。改变源于其他原因，这要求一个逆向过程，需要跳出建筑学的范畴来讨论传统惯例和根深蒂固的形式主义。这样的结果就是创造出一个反常规的新构架，其真正的创新在于创作过程：福克萨斯不使用传统的工具和方法进行分析，每一个项目都被当作是第一个项目去寻找新的灵感，重新制定游戏规则，追求每次都以新的方式来做好一位建筑师。

　　　　　萨尔茨堡的欧洲公园项目

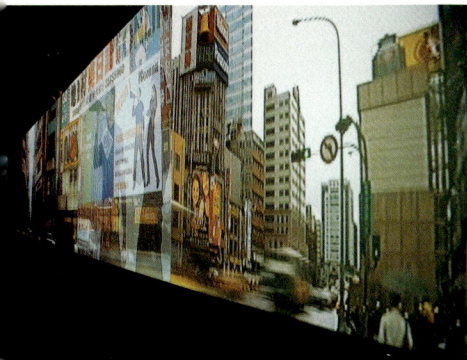

流动性

目前，对于福克萨斯或其他一些人，"建筑师"这一专用名词并不能恰当地描述一个新的但尚未命名的创造性职业。福克萨斯是当代诠释"创造"的最佳人选，而且已经超越了语言的限制。如今，建筑师们遇到的新问题主要是新的和迅速发展的经济与现实社会利益，时下的城市同样呈现出无法破译的景象，这些问题也需要从建筑领域进行新的回应。福克萨斯在第七届威尼斯国际建筑双年展中提出了这些问题，并产生了"少一点美学，多一些伦理"的口号，这一口号从1998-2000年指引了设计界的方向。这届双年展标志着福克萨斯重返意大利，他用冷静的方式号召建筑界承担起应对全球问题的责任，诸如大城市、郊区化、文化多元化和毫无控制与思考的增长等。对于那些既不能明确读取社会和文化的变化，又不能遵循道德与良知的学科，福克萨斯也进行了公开批评。

最重要的是并没有意识到什么是当代性的新场所："大都市及其郊区所表达的人类抱负不外乎是城市扩张。城市则希望获得其他的东西——如果我们努力称这恶魔似的流淌的岩浆为城市。在了解了原因和感受之后，得靠我们去帮助它。……城市是一个充满经济贸易、交换活动、有财富可能性的场所。城市是持续而令人兴奋的矛盾体。"福克萨斯描述的大都市好像流动的几何体，它不断变化，没有确定的边界，"岩浆"中的人们共生在无休止的冲突、差异与团体之中。建筑师必须决定是否参与其中，还是置身事外，待在"平和"的外面。福克萨斯在意大利的新阶段的设计任务绝非巧合，他将针对城市尺度、代表性、经济和社会地位之间的主要关系有所作为。

1998年，他赢得了罗马欧洲会议中心设计竞赛。该地区早在1942年就开始梦想成为现代化的开放城市，战争初期，皮亚琴蒂尼（Piacentini）规划的Eur片区即受到影响并逐渐停滞。随着时间推移，该片区也一直处在罗马政府城市规划的边缘。1998年举行的新会议中心竞标，距阿达尔韦托·利伯拉（Adalberto Libera）为1942年世界博览会设计的国会宫仅几百米之遥。该项目除了具备重建城市重要组成部分的核心性，更重要的是希望将罗马带入一个更大的当代建筑新潮流中。福克萨斯的最终获胜方案提供了一朵巨大的"云"——一座可以容纳2200个座位的礼堂，漂浮在一个半透明的大箱子里。通过玻璃和灰华石的墙壁可以感知悬浮的"云"的轮廓，其半透明的特氟龙（Teflon）表皮可以让人感知内部的形状和过滤光线。会议中心除礼堂之外还设有会议室、展览

上图：第七届威尼斯建筑双年展筹备意向
下图：以色列雅法市的和平中心

空间、酒吧、餐厅；与水平玻璃盒子相对应的是像刀片一样高而锋利的体量，里面是容纳600间客房的酒店。福克萨斯认为他最重要的工作是融入一个自己有着强烈归属感的城市：即实现一个在罗马有所建造的梦想。"整个城市就像一个大雕塑，一个平行六面体，它的圣物包含文艺复兴和反文艺复兴、古典与反古典的建筑。"

他的梦想在米兰成为现实。2002年的米兰国际展览中心会址选在米兰市的罗镇区和佩罗区之间，这是世界上最大的工地，对面是一个规模很大并要改造的阿吉普（Agip）炼油厂。

福克萨斯赢得了竞赛，经过30个月的紧张工作和复杂组织，新展览中心于2005年向公众开放。一条长1.3千米的高架通道，各展馆对称地排列在其两侧，高架通道由雕塑般的玻璃顶所覆盖，再现了一个由"沙丘、海浪、火山口、丘陵"组成的人造景观。它的结构由菱形和梯形网格构成，包裹着空中的高架通道，滤选了天空的景色。从远处看，照亮展馆的巨型天窗映衬在群山的背景中，赋予天际线以新的生命。但是，这个巨型结构的价值贡献不能完全归功于建筑设计，实际上，没有复杂的现场施工组织和管理就无法实现这样的工程。总而言之，因于各种角色和责任的分工和合作，才实现了这样一个伟大的人类劳动成果。在这些案例中，必须从过程的而不是结果的角度，深刻认识其社会、文化和人文价值。

上图：米兰新国际展览中心鸟瞰图

下图：马拉内罗的法拉利新研究中心

建筑的本质

福克萨斯认为，好的建筑非常接近雕塑。经由古罗马建筑师的所有作品，人们可以发现雕塑概念的重要性。作为建筑诗意的表达，材料是关键；它成为满足我们感官的某种东西的表达。"这需要我们必须找到一种方法来使材料有所反应。我偏爱混凝土，就开始用混凝土建造……对我来说，当时的混凝土是一种可塑性强并且不昂贵的材料。现今对建筑产生震撼效果的材料就不同了……建筑的外围结构可以不要，一种材料取代其他材料，建筑物的体量可以消解而不是加强，可以从建筑外部强调其力度和流动性。"在这一系列的小型项目中，人们可以感受到福克萨斯拥有的极高的敏感度，并通过对光和材料的综合表达，塑造出的使人远离喧嚣的意境。

受西蒙·佩雷斯委托设计的雅法和平中心，将作为中东世界对话和合作的场所，这是一座采用"非完美"分层混凝土和半透明玻璃建造的致力于和平的纪念碑。分层象征着人类、人民、文化的历史，渗透到内部的光加强了不规则混凝土分层之间的对比，但透过密集的光影网络，生成了统一素雅的外观。在其他项目中，材料是建造过程中内部抗力动态关系的表达，例如建于2004年在巴萨诺德尔格拉帕的纳尔迪尼酿酒厂的玻璃"泡"设计。一方面是"空气"的设计，两个玻璃和钢的椭圆球型体量悬浮在空中，其功能是实验室；另一方面是"大地"的设计，礼堂的下沉与地下的混凝土墙就暴露在公众的视野中。"容器与内容，这些处于持续张力中的正反双方，由电梯的倾斜结构相连，但随着互相抵消能量的沉浸，玻璃泡实验室被推向高空，箱体式礼堂的沉重结构则沉入地面。"

2000年，法拉利聘请了马西米里阿诺·福克萨斯设计新的总部，选址在马拉内罗的汽车制造大本营内。

建筑全部采用玻璃建造，围合出一个很大的庭院。有一层建筑从整体中分离出来，立于细长的支柱之上；腾空另一层，以创造出面向天空和庭院的开放空间，成为连续的"空"的系统。福克萨斯在其间隔的空间中充分运用了大自然的元素，水、光、植被成为新的造型材料。水和光产生的反射和眩光模糊了悬浮体量的支撑，水池的倒影填补了体量之间的空间，在玻璃表面被再次复制。感知稍瞬即逝，在幻觉与现实中徘徊，这正是建筑的本质。建筑生于空灵，且存在于事物之间。

建筑师年表

1944	1月9日生于罗马。
1965	在伍重工作室工作（至1966年）。
1967	在罗马坦皮奥大街开设第一个专业事务所；与雕塑家马诺洛·贝森柯尔特合作，设计迦南的加尔多斯文化中心。
1969	毕业于罗马一大建筑学院。
1970	（意大利）萨索科尔瓦罗的运动馆。
1971	在罗马一大建筑学院的建筑历史研究所参与教学与研究工作（1971-1978年）。
1973	罗马奥里利亚街的雕塑家卡斯谢拉住宅与工作室。
1977	（意大利）帕里阿诺的迪亚沃罗喷泉公园；与塞巴斯蒂安·马塔合作设计意大利塔尔奎尼亚的幼儿园。
1979	帕里阿诺的健身房。
1980	卡西诺的新市政厅。
1984	帕里阿诺的新公墓。
1985	奇维塔·卡斯特拉纳的新公墓。
1987	法国雷泽的文化与媒体中心；同奥托·施泰德，让·努韦尔和威廉·艾尔索普合作，设计法国埃鲁维尔-圣克莱尔的欧洲塔：居住、办公与酒店综合体；巴黎坎迪-圣伯纳公园：住区、运动中心、公共与商业服务设施。
1988	斯图加特的国立美术学院客座教授；与佛朗哥·扎加里，让·路易·菲尔克朗，居伊·茹尔当和让·卡皮亚合作设计法国尼奥的岩画博物馆和岩洞入口。
1989	在巴黎华盛顿大街37号开设事务所；法国大努瓦西的圣-埃克苏佩里里学院；修复与改造图斯库卢姆博物馆的阿尔多布兰迪尼马厩；弗拉斯卡蒂文化与媒体中心。
1990	巴黎建筑专业学校客座教授；任教于纽约的哥伦比亚大学（1990-1991年）。
1992	法国布列斯特中心城大学，字母造型与研究课程；塞纳河沿岸城市规划与设计，法国克利希·拉加雷纳；世贸中心陆家嘴—浦东段城市设计，中国上海；波尔多第三大学艺术之家。
1993	汉诺威的建筑与艺术学院客座教授；事务所搬迁至巴黎庙街；法国弗朗斯地区特朗布莱的鲁瓦西机场国际区设计；参与巴黎蓬皮杜中心题为"设计与建筑"的展览。
1994	柏林城市规划委员会顾问建筑师（1994-1997年）；萨尔茨堡城市规划委员会顾问建筑师；萨尔茨堡的欧洲公园购物中心I号：商业中心与停车楼。
1995	维也纳艺术学院客座教授（1995-1997年）；日内瓦万国广场综合体；事务所搬迁至罗马的蒙特迪皮塔；维也纳双子塔。
1997	MA-ZIK，与多丽安娜·O.曼得雷丽一起设计家具：桌、扶手椅、图书馆椅、圆凳和长凳。

1998 凭题为"轨迹"的作品获得1998年布宜诺斯艾利斯建筑双年展大奖；担任1998-2001年威尼斯双年展建筑策展人；埃因霍温城市重建与中央商业广场设计；都灵共和广场城门大厦的新服装店；以色列雅法市和平中心；住宅塔楼设计（前OM区）；米兰公寓大厦设计。

1999 赢得巴黎建筑大奖赛大奖；功能包括会议室、大讲堂、展览馆和宾馆的罗马博览会新城的意大利会议中心（竞赛获胜方案）；瑞士布鲁嫩的贝尔纳大厅（竞赛方案）。

2000 《快讯》周刊建筑专栏主笔；罗马意大利航天局（ASI）新址大楼（竞赛获胜方案）；被授予法兰西共和国法国文学与艺术勋章；成为圣鲁卡国家学术委员会委员；与多丽安娜·O. 曼德雷丽合作设计香港的阿玛尼概念店；福利尼奥的圣贾科莫郊区综合体（竞赛获胜方案）；马拉内罗的法拉利研究中心的新指挥总部大楼。

2001 萨尔茨堡欧洲公园的购物与娱乐中心扩建；都灵皮埃蒙特区新址大厦。

2002 巴萨诺-德尔格拉帕市的博尔托洛·纳尔迪尼公司展示与会议中心改扩建工程；法兰克福MAB Zeil会议、办公、酒店、餐厅、健身中心；埃尔兰根市的埃尔兰根·阿卡登商业中心；米兰新会展中心；与多丽安娜·O. 曼德雷丽合作为阿莱西公司设计咖啡—茶杯套装。

2003 索菲亚国家学术委员会委员；哈萨克斯坦的阿斯塔纳市展览、办公、餐饮、咖啡休息中心（竞赛获胜方案）；德国Mainz市包含商业、居住、办公的城市街区设计（竞赛获胜方案）；法国Amiens市的Zenith音乐厅；阿尔巴市（Alba）米罗利奥·维斯宾新址办公楼总体布局可行性研究；法国斯特拉斯堡市真尼时音乐厅（竞赛获胜方案）。

2004 与多丽安娜·O. 曼德雷丽合作设计上海的阿玛尼概念店、展室、食堂和餐厅设计；佩斯卡拉市法特尔有限公司新办公楼设计；大阪市包括商店、办公、旅馆的高层建筑产经设计；大曼彻斯特索尔福德市索尔福德视觉中心与再生框架设计（竞赛获胜方案）；斯塔比亚海堡市斯塔比亚海岸的旅游港口设计；伦敦奥运水上运动中心设计（竞赛方案）。

2005 总统钱皮·奎里纳尔在罗马颁发德·西卡建筑奖；法国建筑科学院院士；卡塔尼亚市的埃特纳·波利斯多功能中心；那不勒斯地铁的主教堂车站设计；罗马奥斯提恩塞地区的酒店与办公设计；意大利伊斯莫拉斯的撒丁岛海湾度假中心设计；维罗纳的"美食与美酒之城"新综合体设计；立陶宛维尔纽斯市的波罗的海中心设计（竞赛方案）。

建成项目

岩画博物馆，法国尼奥

艺术之家，法国波尔多

欧洲公园1，奥地利萨尔茨堡

双子塔，奥地利维也纳

城市改造工程和广场购物中心，荷兰艾恩德霍芬

城门宫展览厅，意大利都灵

新法拉力业务总部和研发中心，意大利马拉内罗

阿玛尼概念店，中国香港和上海

会展中心和大礼堂，意大利巴萨诺·德尔·格拉帕

米兰新国际展览中心，意大利米兰

岩画博物馆

法国尼奥，1988–1993年

岩画博物馆是设计竞赛的获胜作品，建成于1988年。阿列日（Ariège）总理事会主席发布了该项目的设计任务，召集并邀请了三位建筑师。他们需要做到从著名洞穴的史前岩画的现场调研中汲取灵感，通过设计将这一遗产的价值和"历史–艺术"上的意义最大化。项目选址在位于富瓦（Foix）附近的东比利牛斯山脉，那里有着非常优美的风景和自然条件。岩画的洞穴开口在山的一侧，大约50米的进深，观众可以欣赏到整个峡谷的壮丽景色。

福克萨斯的想法是把建筑做成一个巨型的史前动物，从洞中跳出，展开它的翅膀迎接参观者。

该项目与让·卡皮亚、让·路易·菲尔克朗、古伊·茹尔当和佛朗哥·扎加里合作进行深化设计，并试图使建筑看起来像考古现场。材料方面采用了耐候钢预生锈处理，两个巨大翅膀围合的由木材和耐候钢构成的平台是博物

馆的入口，接待公众。该岩洞每次只能同时容纳20名参观者，入口的设计也有利于洞内的微气候不受外界影响。入口建筑立于金属细柱之上，微微向山谷倾斜，在一定程度上屏蔽了景观，以缓和视线从明亮的开放空间到黑暗的封闭入口之间的突然转换。设计总结与综合了当地建筑的所有精髓，与自然景观融为一体，息息相生；类似兽形雕塑一般的建筑，似乎自古就存在于此，无声地述说着对场域的融入。

挑出的耐候钢元素

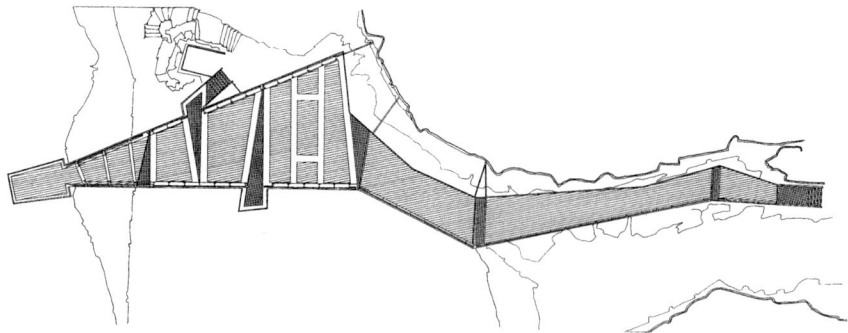

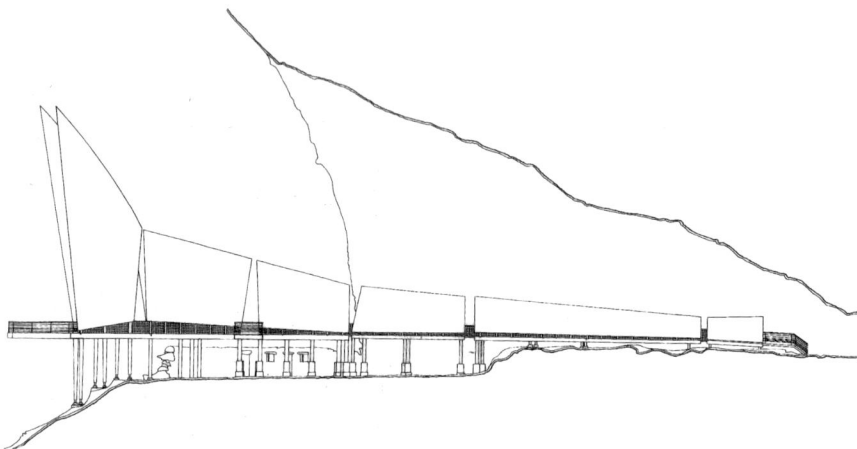

岩洞内看人行通道的最远处

艺术之家

该艺术之家里容纳了两所学校：造型艺术大学和波尔多的米歇尔·德·蒙泰涅表演戏剧学校。在这里，人们可以学习和实践不同门类的艺术，比如戏剧、音乐、电影和雕塑等。进行高质量的创作活动需要不被打扰，精神高度集中。项目的设计理念旨在创造一个无特性的场所，只有一个"存在"的物质容器。建筑形体是一个非常简单的立方体，外皮为氧化铜，一条深深嵌入的带形玻璃窗分割立面；玻璃窗里透出的光线突出了建筑的雕塑感，强调了材料之间的对比。窗框同样采用包铜处理，当窗子关闭时，整个建筑回归简洁素雅。福克萨斯认为建筑的本质是如何应对内部复杂性空间的分配和回应各种迥异功能的需求。艺术之家作为一个单体，通过建筑外表面的缝隙和周围建立对话，以期整合不同的环境以适应各种活动。

两层通高的中庭是各种活动以及视线的连接点，用作剧院大厅和展览空间，楼上的中央

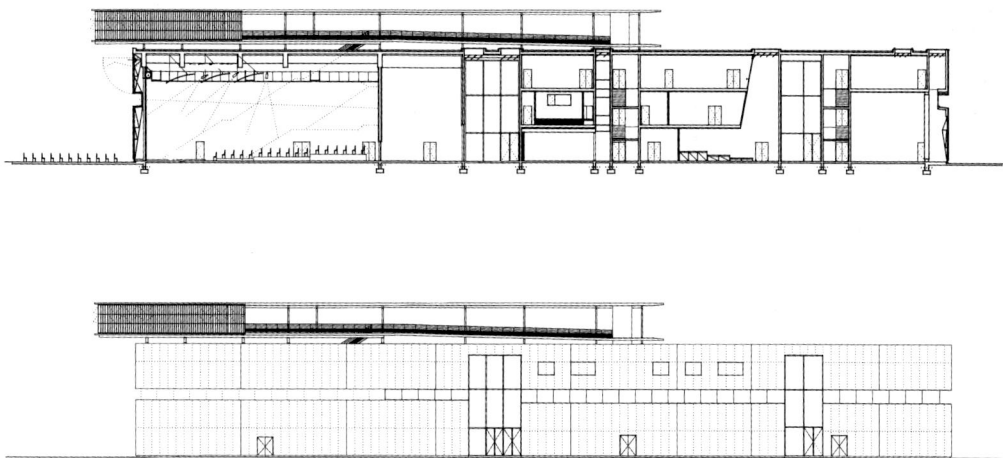

走廊连接起各个功能空间。在建筑的顶部，校园广播电台工作室通过电梯和屋顶玻璃走道与大厅相连，这里也可以从室外楼梯直接到达。但建筑顶部看起来是一个从主体中挑出的独立元素，其造型类似"全方位旋转的卫星天线"，它造就了建筑形体的不稳定感，并通过材料的对比得以加强。剧院的入口前设置了停车场，其延长线上则是一片完全空置的场地，可以容纳各种形式的表演活动。

剖面图与立面图

欧洲公园 1（Europark 1）

奥地利萨尔茨堡，1994-2005年

该综合体毗邻机场，从高速公路上就能看到，建筑总面积高达120000平方米。1994年，斯帕·华伦翰得拉有限公司决定对将要建设的新娱乐中心进行国际招标，最终福克萨斯事务所中标，其设计概念是采用巨大的波浪式金属栅格覆盖整个大型商业中心。建筑内部共分两层，可容纳80多个商铺，停车场则部分在地下、部分在金属栅格之下，在总共3000个车位里有1800个为轿车车位。受到起伏海浪的启发，总尺寸为140米×320米的深红色致密厚金属网格，创造出新的"人造景观"。这个案例展示出来的宏大布局和场所身份的确立，是对于区域尺度下"地标"建设的直白回应，也成为整体景观地位中的战略要素。

建筑内部，围绕三个"空"间组织，或者说，三种不同"空"间的"打断"是为了让日光洒入，从而营造愉悦舒适的空间氛围，沿着或穿过建筑的"空"，创建出无限的空间序列；

建筑外部，主体硬朗的水平轮廓线与屋顶的波
浪线条产生了强烈的对比。商业中心的外立面
是蓝色的双层玻璃，在夜间呈现出巨大的背光
"EUROPARK"字体，并倒影在环绕建筑的水池
中，异常壮观。建筑外墙本身就是巨大的舞台
背景，闪闪发光的霓虹灯再次显示了建筑与视
觉艺术之间的密切联系。

建筑周边水池景观

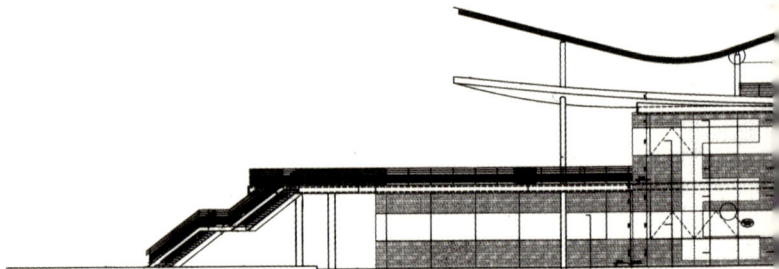

上图：立面图

下图：夜景

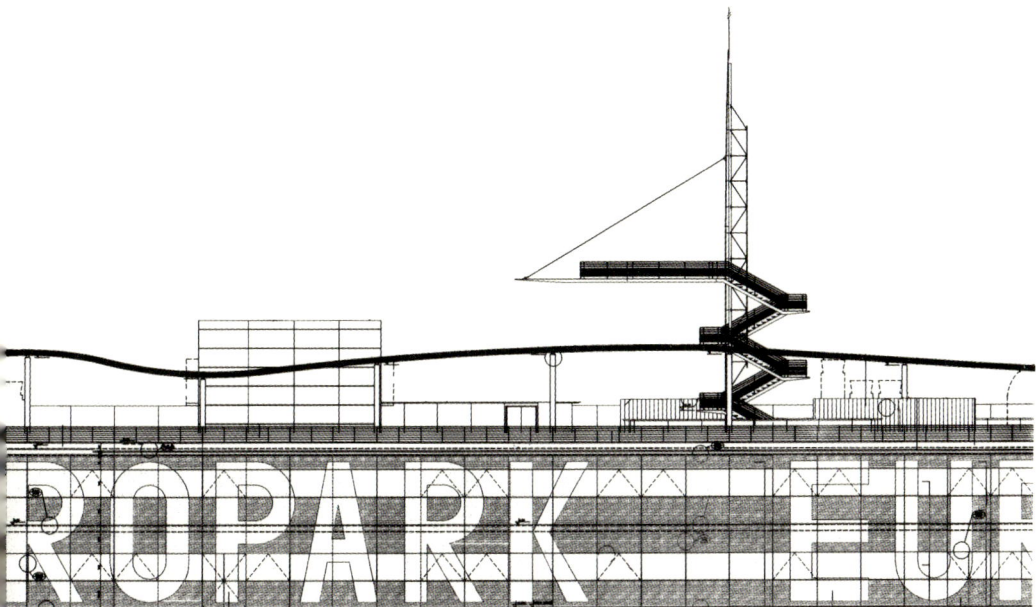

双子塔

奥地利维也纳，1995-2001年

该项目位于维纳伯格砖瓦建筑材料工厂旧址，至今，地产商和维也纳政府部门仍在努力推动该区域向住宅与第三产业相结合的方向转换。马西米里阿诺·福克萨斯于1995年赢得了双子塔的建筑设计与总体规划竞赛。该项目坐落在城市与自然之间的过渡区域，将成为一个新的综合型城市有机体的节点，除了两座塔状办公大楼，还包含住宿、餐饮、电影院、多功能厅、地下停车场和其他基础设施。双子塔项目汇集了福克萨斯在先前项目中实践过的设计

理念，包括发展城市景观、城市高密度区域和开放空间之间的连接与过渡、对居住区域绿化的横向发展元素以及对办公和第三产业的垂直元素的研究等。

沿着蜿蜒曲折的"景观"道路望去，矗立在维也纳南郊倾斜高地上的这两座摩天大楼，是整个城市的标志。双塔容纳了2500间办公室，每层面积为1400平方米。这是两位巨人，一个有37层、138米高，另外一个126米高，建筑整体采用玻璃幕墙，地下部分也提供了很多

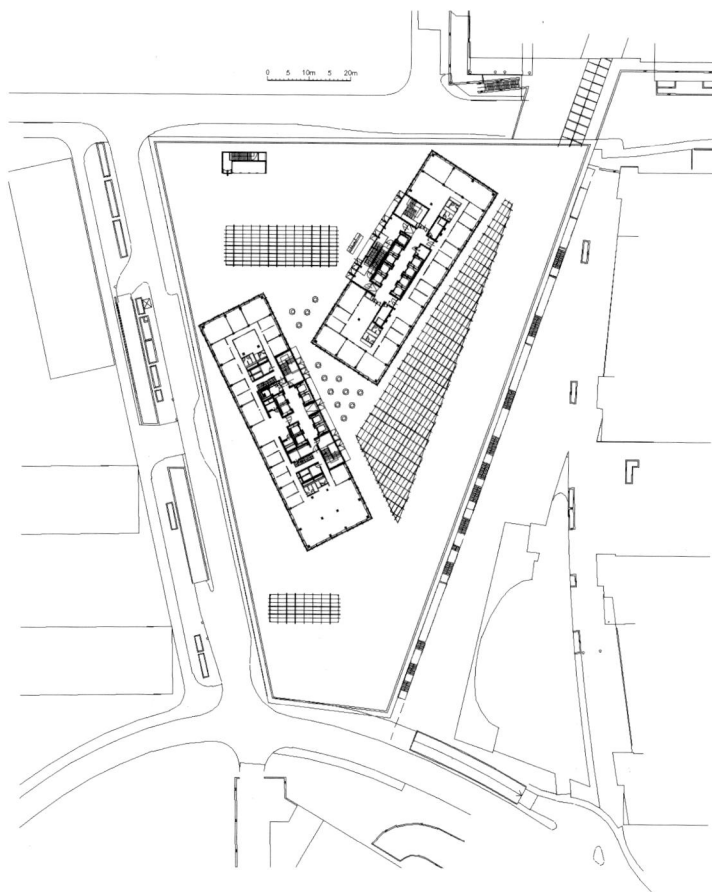

功能，例如店铺、画廊、服务用房和车库；天
窗仿佛打开了地下空间的顶盖，既让自然光洒
入，也提供了开阔的视野。两个体块以59°夹
角旋转而立，其间通过一系列不同高度和位置
的桥无规律地连接。福克萨斯的意图是为城市
建设注入新的活力："对于从南部开车到达这
一区域的人来说，双子塔总是呈现出不一样的
视觉效果；它们永远不会静止，也不会带来压
迫感。"

三层平面图

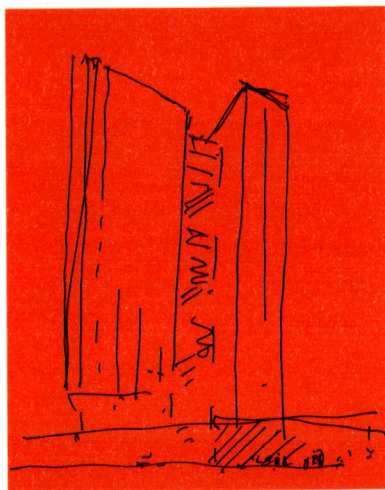

上图：透过双塔看城市

　　　　下图：设计草图

城市改造工程和广场购物中心

荷兰艾恩德霍芬，1998-2006年

　　"9月18日广场"连接了中心车站和艾恩德霍芬高密度的历史中心区，也是城市商业活动轴线上的一个关键节点。福克萨斯工作室从1998年开始接手，事实上，该项目连接了四个不同的设计：9月18日广场及地下2000辆自行车停车场；一个广场购物中心——约20000平方米的购物中心和6000平方米的办公场所；一个多媒体市场——家电及电子设备的销售中心；以及名为阿德米翁——包括店铺、赌场、餐厅和酒吧的场所。它们共同构成了商业轴线上的门户区。其中，广场购物中心是在1970年代老商场的基础上改扩建而成，这栋整体覆盖瓷砖的建筑是20世纪最伟大的意大利建筑师之一——吉奥·庞蒂的杰作。

　　商业中心面积为20000平方米，分布在多个楼层中。在步行轴线上，采用了连续玻璃屋面覆罩的形式。玻璃屋顶也覆盖了广场嵌入两个建筑之间的部分，创造了一个城市尺度的大厅。屋顶采用极高的耐候钢柱支撑，除了承重外，这些柱子本身也被设计得如同雕

塑一般，不规则且柔软随形——它们是艺术家
马西姆·马卒内的作品——其截面随高度变化
而变化。购物中心的新玻璃立面采用绿色半透
明板，可以在夜晚发光并变化成不同的色调和
强度。一座天桥直接将购物中心与多媒体市场
相连接，后者面积为8000平方米，整体被深蓝
色瓷砖包裹。两个玻璃球型的阿德米翁区、赌
场、餐厅和商店都尚未建成，它们将在未来几
年内按计划完成。

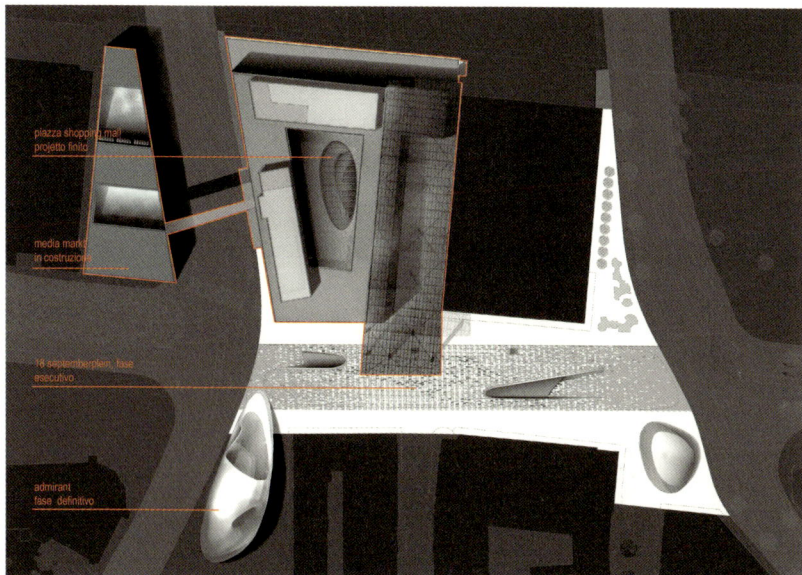

上图：总体规划

下图：从广场看走廊

城门宫展览厅

意大利都灵，1998-2006年

城门宫接近主教堂和城堡，是历史上的城市入口所在，也是城市最古老的地区，而现在是都灵社会生活的中心区，这个地区拥有众多的商业活动，还有大规模的露天市场，但也存在着严重的城市问题。

作为国际竞赛的结果，新馆项目于1998年委托给了福克萨斯，该项目是一个玻璃覆盖的用于商业活动的新结构。主入口位于东南侧，其内部是一个很大的围绕着考古遗址发展而成的中庭，有多条通道穿越其中。商业区沿建筑的周边布置，以创造出中间的广场空间，并呼应了两个古代冰室。首层平面围绕着现存建筑"切割"而成，布置有商店和酒吧。二层平面根据首层平面发展而来，商店、酒吧、服务用房等通过环形走廊和穿过中庭的多条坡道相连。

顶层是餐厅和服务区。金属屋顶延续了剪切的设计，使光线可以立体地渗透。建筑表皮采用钢支架支撑双层玻璃系统，其下部，钢片逐渐取代通透的玻璃幕墙。建筑外皮和内墙之间的间隙设置了环绕整个建筑的安全疏散楼梯，而在入口处"嫁接"了艺术家米莫·帕拉迪诺的雕塑元素。

总平面图

新法拉利业务总部和研发中心

意大利马拉内罗，2000-2003年

2000年，法拉利公司将新产品开发设计中心的设计任务委托给马西米里阿诺·福克萨斯，该项目属于马拉内洛法拉利城堡已开展多年的庞大的建筑整治工作的一部分，其选址位于伦佐·皮亚诺设计的风隧道与机械车间之间。该建筑容纳了法拉利技术管理的办公功能，其设计彰显了法拉利公司的新形象。

整个建筑体现了将自然元素带入高科技综合体的愿望。通过中央庭院可以到达所有楼层，丛密有序的竹子过滤了光，并在建筑内部形成反射，光、水和植物的存在提供了舒适的工作环境。建筑的主体形象由一个漂浮于水面之上的体量统领全局，它与其他体块分离，笼罩着建筑的第二层，并向7米高的建筑主入口伸展。

　　各层之间的唯一联系是采用最小结构的发光水晶盒体。水面上的通道组成了一张交通网，连接着两个会议厅，标识色就法拉利品牌的专属——红色和黄色。水光之色把好似悬浮的体块渲染得瞬息万变，超凡脱俗。建筑周围的种种景象和天空倒映在水中：从某种意义上说，建筑即景观、景观亦建筑。建筑的线性和沉静，与其外部连接各层的棱角分明但不规则的铝制楼梯形成强烈对比。

　　"这座建筑本身就是诗意、魔力和梦幻的所在，献给一个曾经代表着而且仍将继续代表着梦想的汽车厂家。"

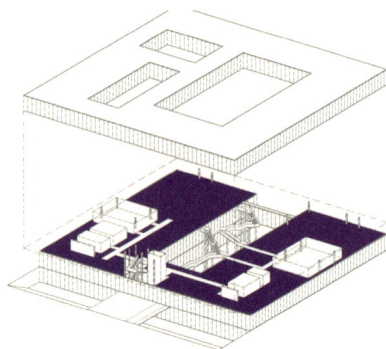

左下图：通过玻璃幕墙看建筑外部

建成项目　　　　上图：屋顶在水面的倒影　　　右下图：轴测图

庭院内部

阿玛尼概念店

中国香港和上海，2000年，2004年

乔治·阿玛尼要寻求一个时尚和建筑融合的新形象，以及阿玛尼品牌在地方市场销售的新概念，他将安普里奥·阿玛尼在香港、上海和米兰的三个新展厅设计都委托给了马西米里阿诺和多丽安娜·福克萨斯，并希望店面与内部空间设计可以提供多重机遇，可以与地方发生关系与碰撞。

香港专卖店坐落于中心区的新塔楼里，共三层总计3000平方米的面积。服装展示区设在两片弧形玻璃墙中，照明设备藏在天花板里。树脂地面光鉴照人，形成的倒影使空间更为灵动，反射也更为丰富。商店里依序配置了餐厅、书店、花店、咖啡店以及阿玛尼化妆品。

餐厅内部有一条充满张力的玻璃纤维红缎

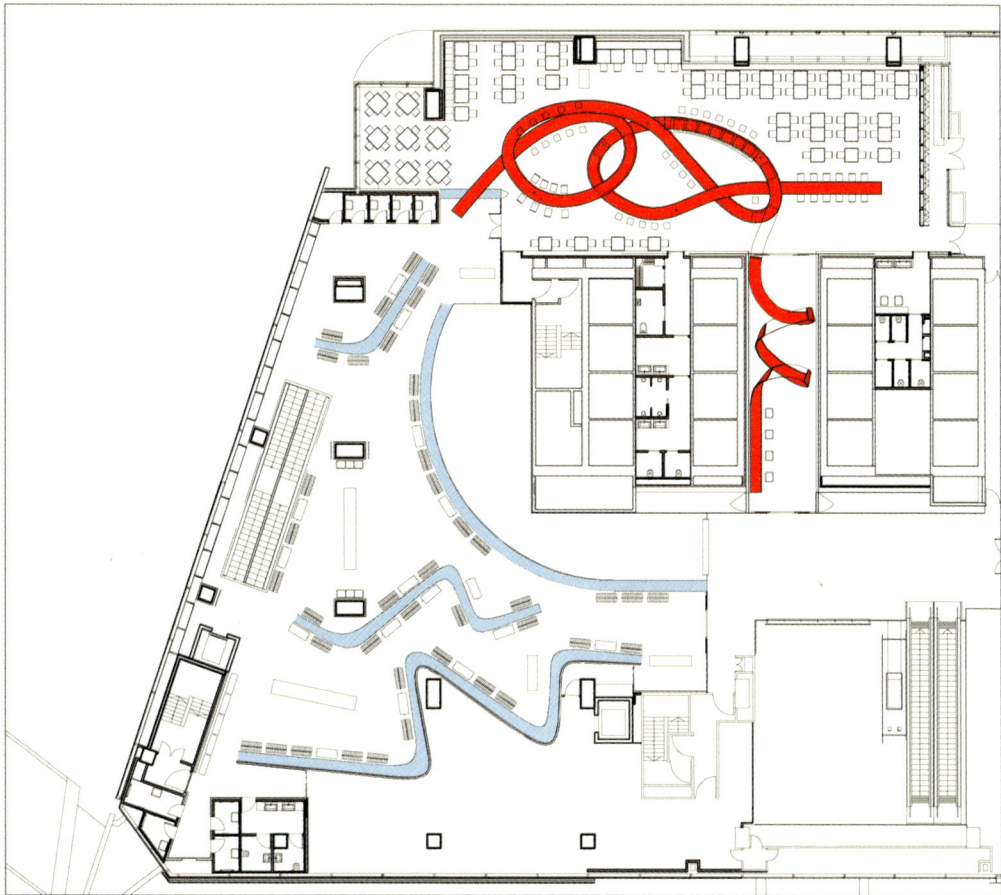

平面图

带，从地板上升起，翻绕数圈后形成一张台面飘向顶棚，再向下形成一个封闭空间后转向吧台，最后化作一条螺旋隧道，通往阿玛尼的独立入口，灵动的线条是整个项目的点睛之笔。

上海的安普里奥店也基于同样的概念，位于外滩三号的首层，总面积1100多平方米。外滩三号是一座近期完成修复的装饰艺术风格建筑，原是联合银行总部。在这个项目中，感性而流动的线条再次成为力求摆脱物质化表面的方式，半透明和不透明的纯白的表面提供给我们对于扩张而渐逝的空间的感知。在浅色弥漫的气氛中，丝毫不与墙体接触的服装剪影，沿着弯曲的金属杆穿过整个卖场空间，通过密集优雅的圆柱形布置的灯光，则传达出"雨季"的讯息。

建成项目　　　　卖场视图

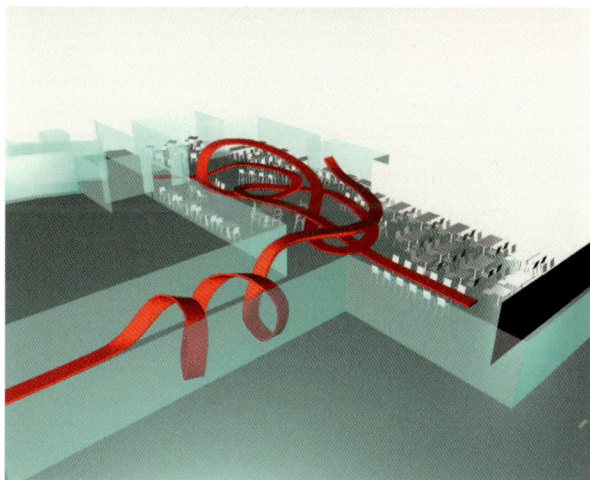

上图：吧台视景

下图：渲染图

会展中心和大礼堂

意大利巴萨诺·德尔·格拉帕，2002-2004年

　　坐落于巴萨诺·德尔·格拉帕的博尔多罗·纳尔迪尼（Bortolo Nardini）公司历史悠久，总部位于20世纪意大利最伟大的景观设计师之———皮耶罗·珀切那（Pietro Porcinai）于1980年设计的优美公园内。在公司开业225周年之际，委托马西米里阿诺·福克萨斯对总部实施改扩建，任务要求包括实验室、办公室和会议厅等，并以新的姿态迎接到访客户。福克萨斯大胆地提出了一个前所未有的建筑技术理念：在离老建筑不远的公园里，通过倾斜的钢杆支撑两个椭圆形的玻璃"气泡"，其内安置一个分析实验室和一个多功能空间，通过一个坡道和一个倾斜的电梯连接"气泡"和地下100人座位的多媒体礼堂。

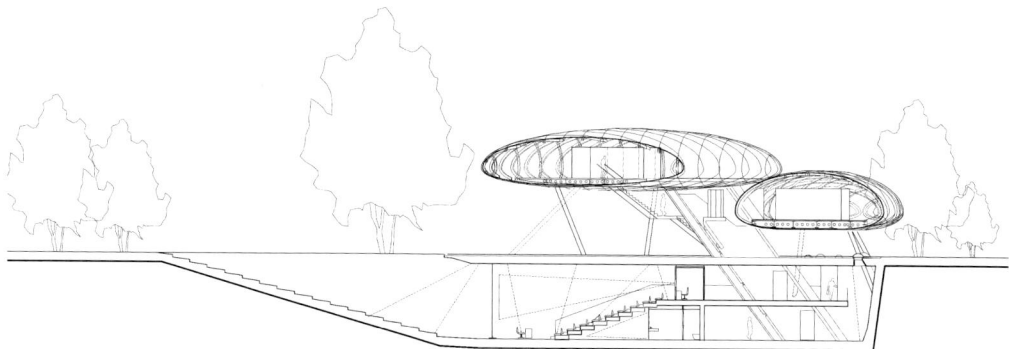

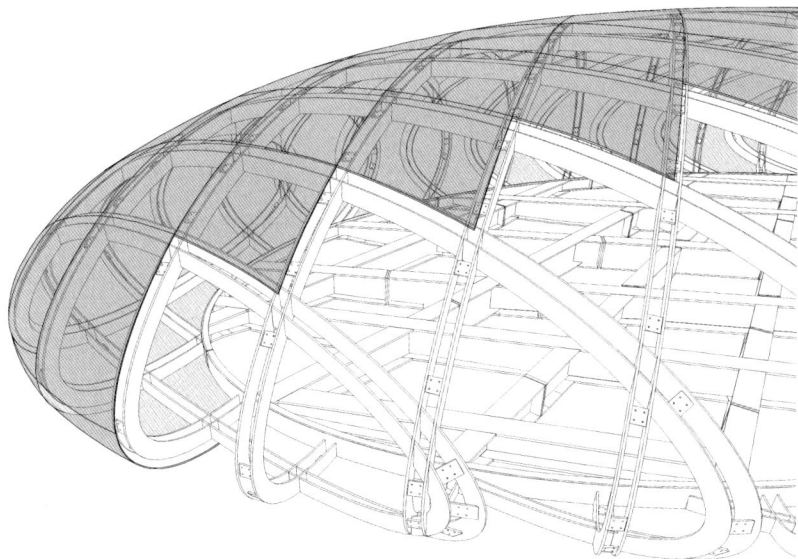

两个建筑之间的支撑体、连接体，在平台的高度与水池相遇，创造出倒影反射的效果。公园里通往地下报告厅的巨大凹陷，顺理成章地成为与报告厅相对的户外报告厅。为了尽量不触及珀切那的设计作品，福克萨斯经历了看似对立的两种思考过程：一个采用特定技术与架空建筑，另一个则是不客气的大开挖和"埋入"。材料上同样显示出这种对立性：玻璃和钢结构的椭球体结构同暴露在外面的混凝土墙形成鲜明对比。"容器和内容，正负两极都是由倾斜的电梯所连接，向上就升入到玻璃气泡的实验室中，向下就沉陷入地下"。

米兰新国际展览中心

意大利米兰，2002-2005年

通过国际竞标，马西米里阿诺·福克萨斯获得米兰博览会新会展中心的设计任务。新会展中心是欧洲最大的展览中心之一，总面积达465000平方米，其坐落的罗镇—佩罗地块，曾是阿吉普炼油厂所在地。设计理念的突出特征是像脊椎一般纵向连接的通道，绵延1.3公里，与两侧对称布置的展厅相连接。

整个会展中心拥有4座写字楼、80间会议室、45个用餐点，以及与展览厅相连的接待厅、仓库和各种优美的空间。

步行通道向东西两边的入口延展，其间组织了全部交通，形成了会展中心的两极。主轴线蜿蜒在绿地、水池之间，与展馆的巨大的不锈钢与玻璃外立面一起形成了光线与镜面反射

交织的辉映奇观。

这些空间上方是巨大的玻璃"帆"，其表面积大于46000平方米，平均宽度为32米。覆盖整个中轴线的玻璃顶，高度在16～23米之间变化。玻璃"帆"采用三角菱形晶格结构，网格节点超过32000个；起承载作用的钢支柱的圆形截面直径为50厘米，支撑在12米高的柱子上。取法于自然景观，"帆"顶连续变换高度，仿佛陨石坑、波浪、沙丘、小山等。就像自然界中没有重复一样，到访者在不同位置和不同时间所看到的景象都是变化的。

鸟瞰图

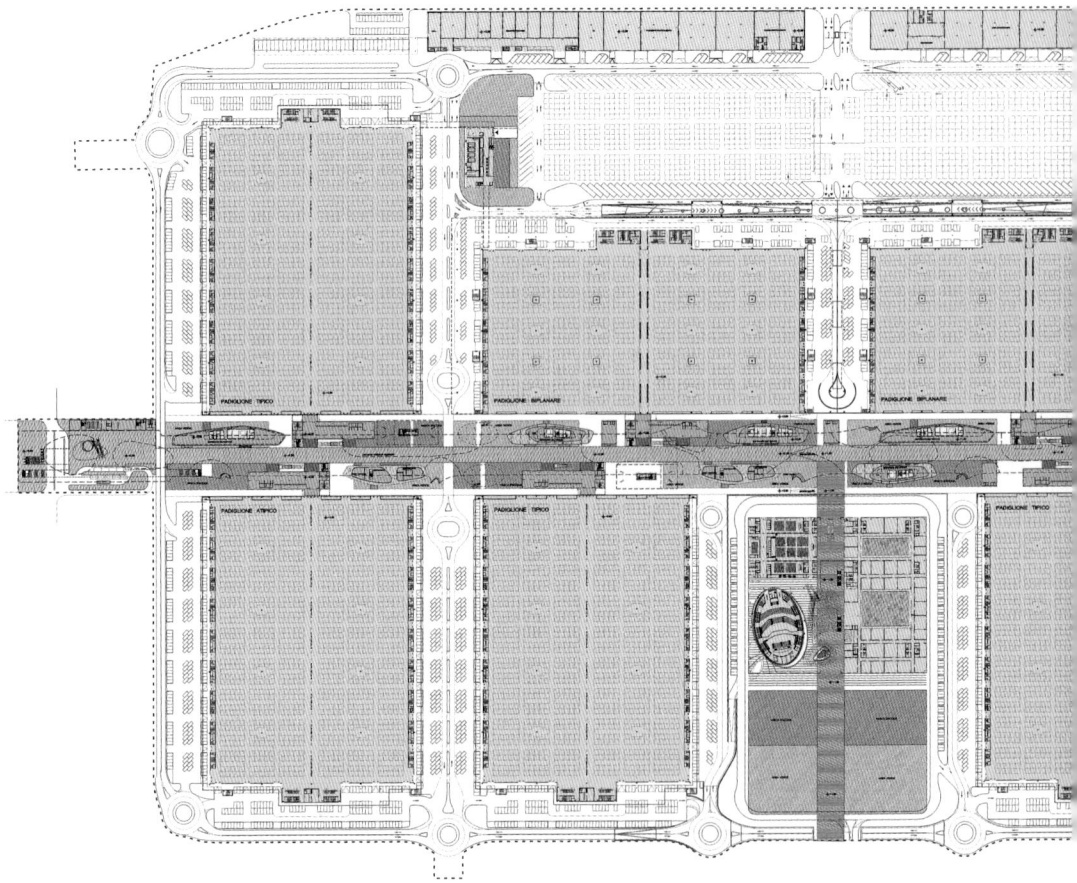

建成项目　　　　平面图

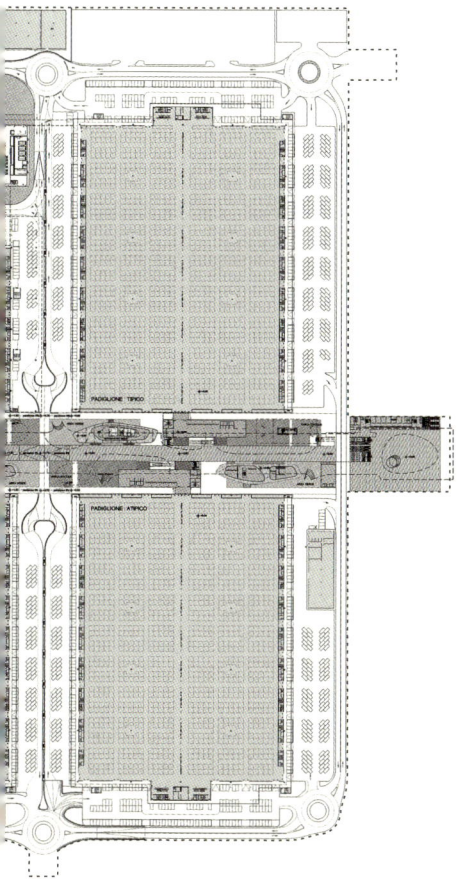

上图：玻璃长廊

下图：屋顶景象

la 'Chiesa di Filippo Natale 2003

设计作品

伯恩那大厅，瑞士伯恩
圣詹姆斯教区综合体，意大利福利尼奥
皮埃蒙特区新总部大楼，意大利都灵
奥林匹克水上运动中心，英国伦敦，大不列颠岛
波罗的海中心，立陶宛维尔纽斯

伯恩那大厅

瑞士伯恩，1999年（竞赛方案）

　　该商业中心是设计竞标项目，选址在伯恩那附近的伯恩住宅扩建区内。福克萨斯提出的组合词汇"funsc@pe"，概括了该设计的指导概念：趣味（fun）、信息（@）和景观（landscape），这是为了创造一个有机整体，从空间与视觉上整合娱乐、信息、购物与景观。这四种功能行为彼此交织，使到访者获得多方位的感受。局部透明的屋顶，与中间层一起，在特别引人注目的位置发生高度上的交替变化（可以展示并自由攀爬的墙，用作投影和会议的综合媒体厅，大滑道游泳池和中心花园），高高低低。购物中心的位置没有插入一个固定的、不可逆的形状，而是提供了与未来需求相关的可能扩展。

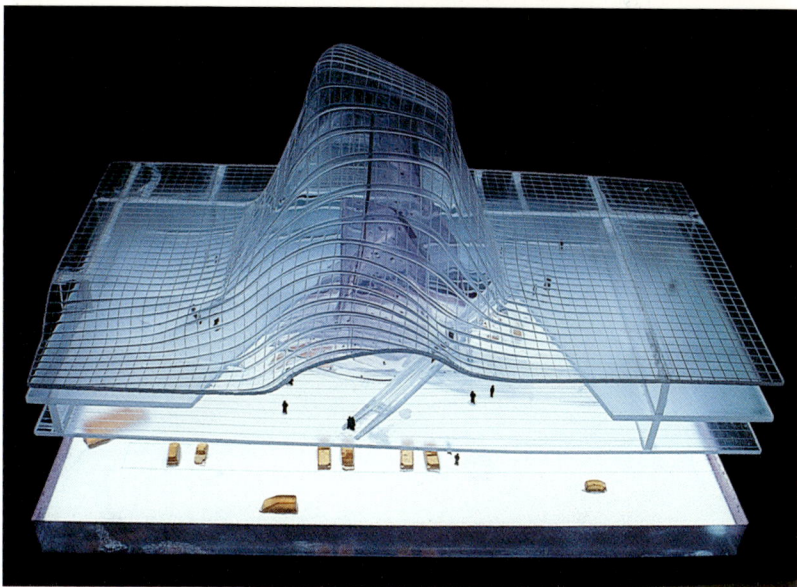

研究模型

圣詹姆斯教区综合体

意大利福利尼奥，2000-2006年（竞赛，获胜方案）

　　2000年，马西米里阿诺·福克萨斯在新教区中心项目的竞赛中获胜。该项目位于福利尼奥调整后的总体规划中的新扩地区内，为了解决功能问题，设计采用了两个既分开又连接的体块，内部功能为一个教堂和一个教区楼，楼内设置了教会机构和一个接待中心，总面积为1500平方米。教堂高度超过25米，由两个穿插的体块组成。建筑外表面采用蜡处理的钢筋混凝土和加气混凝土，光线从外墙的开洞，穿过承载内部平行六面体的巨大中空的扶壁，浸入空间的中心部位。内部安装的装置是艺术家毛里齐奥·南努奇的超薄霓虹光作品，用以重现圣经中的景象，创造了自然光与人造光的"互动"。

模型内部视图

皮埃蒙特区新总部大楼

意大利都灵，2001年

福克萨斯赢得了皮埃蒙特区新总部大楼的国际竞标。基地位于被放弃和拆除的原工业区——马泰拉费罗，其用地形状则是被一条枢纽铁路"修剪"的结果，计划建设一栋100米的超高层塔楼综合体，并成为都灵的地标。综合体由两个截然不同的部分组成：一栋30层高的建筑容纳皮埃蒙特区办公室，一栋较矮的与之相连接的裙房内部设置了会议中心和其他城市公共功能，地下室是25000平方米的停车场。两栋楼之间有一个"巨大空隙"，它从高空穿过并连接整个综合体，其底层作为办公楼和会议厅的前厅，其上部则是办公空间。

奥林匹克水上运动中心

英国伦敦，大不列颠岛，2004年（竞赛方案）

水上运动中心坐落在斯特拉特福（Stratford）的2012年奥林匹克公园内，是一栋极具意义的建筑。为了配合内部空间使用，建筑被设计成了一个桥形的临时构架，它将成为整个区域的焦点。建筑总面积为36000平方米，建成之后注定将会发挥重要作用，成为卓越的水上运动中心。为了体现建筑的特点，福克萨斯研究了建筑的象征意义：外壳是巨大的像贝壳一样的有机结构，用三个点支撑在地面上，外表面由钢和半透明材料组合。建筑产生了内外互动的延续性，奥运会的游泳池和20000名观众的看台就在这流动的艺术感和强烈的空间感里。

下图：总瞰（模型）

波罗的海中心

立陶宛维尔纽斯，2005-2010年（竞赛方案）

立陶宛首都维尔纽斯的波罗的海中心建筑设计方案竞赛包括两项任务：体育馆和会议中心，并需要一个中央广场将它们连接起来。建筑一直延伸到涅里斯河岸边，展现了公共建筑和开放空间的序列。为了满足举办大型国际会议要求，接待中心需容纳20000平方米的会议中心，拥有400个床位的五星级酒店、商店、办公室、会议厅、带顶盖的公共空间。体育馆是设计的另一重点，它实际上是城市的多功能场地，适合举办体育赛事、音乐和文化等活动。在项目的东北角则开发大片居住区，建筑底层的功能是餐馆、商店和各类商业空间，它们赋予这个城市新区各个时段的鲜活生活。

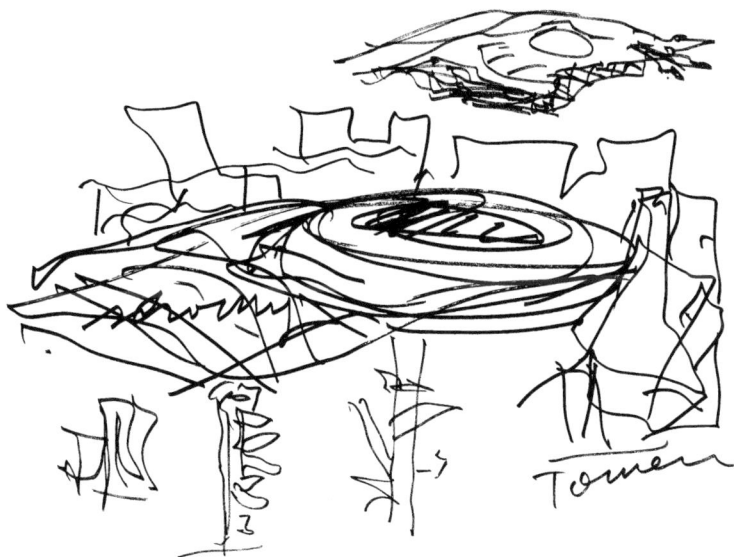

上图：总体视图

下图：工作草图

建筑思想

无序的建筑

这还不够

我经常问自己，是什么样的神秘东西让人与人变得不同。对某些人来说，可能来自于精神领域；而对于其他人，或许来自一个艺术作品或是一个传统建筑的启迪。艺术家们通常试图通过重建它们的历史来寻找答案，但是建筑师们却从不曾这样。

是什么导致了我作为建筑师的职业中的奇特之处，我至今仍不明白。我只知道我不能当什么样的人，这种思想来自于我母亲，她害怕我成为一名艺术家；在她的观念里，艺术家总是难以生活的。然而在我对艺术的向往过程中，从来没有遇到神谕和精神分析学，我热爱其他的事情。可以说我决定上建筑系也是为了讨好她，但是那里却是我现实生活中毫无兴趣的一个学院，我无法兴奋。母亲一直很务实。她是一位哲学老师，更重要的是，她一直是共产主义者。她深信她的儿子一定有一个很好的专业。我不太同意她的看法，甚至说我从来没有同意过。我从16岁离家求学，当时没有任何一件事比一幅幅画更让我着迷，那是唯一一件能让我神往的事情。所以，尽管似乎自相矛盾，我打一开始就没想成为一名建筑师。然而随着时间的推移，我却对建筑开始慢慢着迷。可怕的是，当我开始大学生涯时，我对建筑一无所知。在意大利没有建筑学校，只在大学里有建筑系，这种情况可以追溯到法西斯时期的法律。它规定设立建筑学院，学科介于工程与美学之间。于是将这两个学科放在一起，创造了一个有39门非常难以考试的学科。前两年必须维持通过19门考试的状态，否则第三年就不能继续学习。为了一直讨好母亲，我通过了所有的考试，这是多么愚蠢的行为，尽管这一切我并不理解；这件事证明了你可以做任何你完全不理解的事情。建筑学院设计了数以百计的没用的考试，我提前结束了学业，所以我就有了6个月时间，可以待在我一直向往的丹麦。

在那里，我拜访了伍重工作室。此后我回到意大利，整个夏天都在工作，我开始观察和更加关注当代建筑。总而言之，我认识到自己似乎没有那么糟糕。回来的时候我还并不是那么热衷建筑，但不管怎样我已经开始产生了兴趣。我开始查阅书籍、临摹平面和剖面，寻求对建筑的理解。我唯一始终喜爱的是建筑历史。当代艺术则是我的生命，是我真正的激情所在。尽管我总是排斥老师，但是也有些人让我很感激，他们让我可以致力于我的设计：首先是尤尔吉斯·巴尔特鲁塞蒂斯，一位艺术史学家。他最著名的研究是中世纪的奇幻和怪诞。他是立陶宛人，在巴黎生活的时候我们经常见面。见到他时我很高兴，这使我想到我也是客居的异乡人（意大利人）。我们一起曾经聊过一些立陶宛的人和事，我记忆至今。

另一个是意大利最重要的当代诗人之一的乔治·卡普罗尼。他是席琳最著名的翻译者，他的作品被翻译成世界各种语言。他是我的小学老师，下午放学后我经常去他家。我们曾保持密切联系，他会拉小提琴，喜爱坐电动火车，于是我们一起爬山，制造属于我们的景观；同时我读他的诗，这一切对于一个十岁的孩子来说是那么自然。在他的世界里，我曾经热爱诗歌。还有乔治·卡斯泰尔弗兰科（Giorgio Castelfranco），他是我青春期即将结束时认识的，我非常感激他。通过卡斯泰尔弗兰科我认识了很多艺术家，包括乔治·德·基里科（Giorgio de Chirico），后来一段时间我在乔治·德·基里科位于西班牙广场的工作室里工作。我每天的生活如果没有颜料，那是无法想象的。我认为我所有的项目显然不只是涉及建筑学这一个领域，我的兴趣以及我的成长一直更多与艺术相关；我喜爱布里（Burri），丰塔纳（Fontana），激浪派（Fluxus），戈登·马塔·克拉克（Gordon Matta Clark），博伊于斯（Beuys），贫穷艺术和大地艺术，暴力和诗歌的世界，克日什托夫·沃迪奇科（Krzysztof Wodiczko）和皮埃尔保罗·帕索里尼（Pierpaolo Pasolini）的世界，总之，我喜欢参与一个过程，碰到的状况不同于我们每天生活的周遭环境。

位于罗马蒙特迪皮塔广场的福克萨斯办公室

　　我真正痴迷的还有景观，比如澳大利亚一座红色山中的艾尔斯岩，波利尼西亚的环礁岛，形成并溶解于沙漠的巨大沙丘，还有冰山，岛屿……。我一直为之着迷的是非定型的美，非完美的美。我经常问自己如何能够设法做到无形式、超越几何维度但又很复杂的建筑。

　　这就是为什么我认为艺术家，甚至是最糟糕的艺术家都比建筑师做得好的原因。因为他们总是从视觉开始，而建筑师们却绝口不提形式，而总是在说项目。我的梦想则是任何人都能享受创意、激情和感受。什么造成人们为了多挣钱、为了拥有更多权利而焦躁不安？在我看来资本主义和权利这两个完全玄虚、神话般的概念，它们的作用只是保护自己。人类现实远远不是形而上的，我们每个人都应该尽力抵抗，真正找到解决众多日常困难的方法。我们早出晚归的工作，因为生活已经很艰难了，很明显每天我们不能再被政治和一些不靠谱的事情所占据；而建筑怎么能帮助我们拥有更好的生活？办法是选择说"不"——当然不是革命，但至少是具有选择某个事物的权力。前段时间，一个大投资商找我去做一个大型规划，基地在最大的考古遗址公园阿匹亚（Appia）旁边，准备一个规划25000人口的住宅区。我说"不行"；但是别人，自诩为左翼的人立刻接受委托而设计了这个项目。

　　拒绝已经是很了不起的事情了，当我们每次说"不"的时候，如何证明自己争取就很重要。

　　我们的问题始终是同一个：我们是否给了人们他们想要的生活？我们提供的是一个没有品味和文化的世界，还是冒着风险，努力去创造更好更高质量的生活？

　　我一直很钦佩布鲁诺·赛维（Bruno Zevi），他是我的大学教授，因为他的立场和他选择的勇气，尽管我在学生期间的观点与他非常不一致。多年来，我们的联系时断时续。他曾经写了一篇文章，里面写到他所认识的我和我的一些优点。我打电话给他，而他习惯地让我"马上"去见他；那是1995年4月的事。他住在诺曼塔纳街，我发现他现在的状态特别好，身边总是堆放着最现代的建筑书。他用他最熟悉的话语——"我只拥抱女人"来试图拒绝我的拥抱（但我们在任何情况下都会拥抱）。他突然向我抛出一个问题："除了建筑，你会在未来十年干什么呢？"我必须说，经过好几个星期我才回过神。短短几个字的问题，却没有宏大完美的答案，除非进行过多次讨论，或者提前想过这个问题。这种尝试性的精神剖析让我思索了很多。这也许正是2000年第七届威尼斯建筑双年展主题的来源："少一些美学，多一些伦理。"

经过这些思考，我现在想在主题上加上的是："IT'S NOT ENOUGH. 这还不够"。

选自多利安娜·O. 曼德雷丽，马西米里阿诺·福克萨斯，框架，阿克塔尔出版社，巴塞罗那，2001.

2000 年第七届威尼斯建筑双年展

城市：少一些美学，多一些伦理

（马西米里阿诺·福克萨斯和多利安娜·O. 曼德雷丽的理念与策划）

城市的矛盾可以这样解释。数以百万计的人甘愿被"困"在一个狭小又有异味的区域中，住在又小又贵的公寓里，以至于每个物种的生存都面临危险。城市逃避着各种规则。我们试图对城市进行分类并且不断地简化分类，通过这个方法揭示城市的魔力，但它恰恰有恶魔般的魔力，因此每种分类的尝试都变得十分平庸，并且迅速消亡。

看起来过度增长的危机使城市变成了永不停歇的机器，它想摆脱任何控制。在这一点上来说，城市可以承受任何干预，其内容与结构变得越来越强大。就算有错误和不恰当的干预，城市也可以将其代谢掉，或多或少与危害行为达成平衡。我们抛开城市中的建筑，认真关注一下街道、广场、外部空间和没有人愿意使用的间隙。这些地上的车流和地下的通道，像是流动着的能量，供给城市需要的血液与营养：汽车和数以千计的居民拥挤在一起，在地狱般的迷宫中努力找到正确的路、地址、电影院、会议、工作和生计……

有一瞬间我有一个想法，如果把城市里所有建筑都清除掉，就可以看到人——城市里最著名的生物。在电梯或者在自动扶梯上可以看到"人"，而楼梯上却空空荡荡；在公共汽车和地铁里，我们看到一场梦幻般的表演。我们会问那么大规模的人群要去向哪里？用从众理论解释，还是什么特别的理论解释这些现象？

这些疑惑对解决问题没有帮助。城市的聚合反应已完成，没有相反的过程。我认为分析一下城市中较好的"空"；进而分析城市槽糕的"实"体。虚实之间巨大张力产生的能量，仍不足以给出关于城市现象的理性答案。

一旦确定没有既定的规则，人们就可以放心地任意而为，城市就成为一个复杂的抽象概念。城市里高层建筑、低矮房屋与塔楼并立，建筑高高低低，差别极大。

偶尔可以看见一棵树，像这个世界其他的树一样消失在钢筋水泥的丛林里。而正是这些树，在春天营造出悦人的氛围，以自己的方式诠释了非连续性。

当我脑子里想着这些事情的时候，飞机已经在上海着陆。

一切重新开始。我住的酒店可能是外滩上唯一现存的保持了殖民风格的建筑。上海的外滩相当于伦敦或汉堡的滨河地带。这些地方都是神话一样的存在。电影和文学都是伟大的媒介，对这些场所有所表现。上海是一个河对岸的城市。在河的对岸大约1公里（河两岸之间的距离）的地方，还存在另外一个在短短十几年间发展成的大都市，在缺少严格控制的条件下迅速扩张。摩天大楼随处可见，人们变得忙碌而紧张，矛盾变得巨大。上海、北京转型的速度实在令人惊异。其快速发展的

la Biennale di Venezia

LESS AESTHETICS MORE ETHICS

新城可容纳2000万居民，没有明确建筑文化的建设是我们欧洲不能理解的现实。飞回法国时，降落前的十分钟我飞过法兰西岛。下面是城市和周围景观，在夜晚看起来像是一张巨大的移动的网。汽车、房屋、公路形成一个肌理的网，它流淌、充满张力与能量。

"弱势"地区和"强势"地区内在的差异不足以说明这些张力与能量。其中必定有某种难以名状的东西，就像巨大的熔炉将物质、各式各样的理想和无法诉说的感受融化在一起。可见的……不可见的。至关重要的城市熔炉里，可见和不可见因素的关系是什么？无形是对于那些视而不见的人来说的。无形的轨迹勾勒出整个澳大利亚的那些由

"无形"的纪念物构成的密集网格，体现了游牧时代的生活，那是土著民从大陆的一角迁徙到另一角的记录，"在路途的两侧留下了诗词歌赋"。每一个轨迹的诞生都成了一首与地点相关的"歌曲"。

用共同的语言创造诗歌，但是却没有文字记录。通过这种方式创造未来，延续了诗歌的"集体精神"部分，难道这些不正是我们今天需要的么？关于城市的真实起源，唯一令人满意又务实的解释，不正是一次疯狂的"在不理性中寻找理性"的过程中的迷失吗？

城市是一个令人绝望和兴奋、富足或无家可归的地方。但城市有一颗藏在褶皱里的心。所以应该倾听你内心的城市。博伊于斯（Beuys）曾说，艺术应该成为一种"参与"。他想说的是，艺术应该超越对"美学"的喜爱、对极少主义的歌颂或对贫穷艺术使用材料的触感；超越对抽象表现主义和行为绘画的愤怒。艺术如今的角色是"帮助"，使"非自愿创造者"能够有各自的呈现。

我们会在街上遇到这样的未成名的艺术家，凭借现有或未来的诗歌作品片段，他们将会为大众所认识。他们不是以竞争为乐的人。他们容忍和尊重；他们追随无形，期待与现实存在、艺术和其他奥秘的对话，在他之后还有后继者继续这样的对话交流。

每个人都如是梦想着城市，就如同梦想着美好的生活；而想象总是最好最完美；现实与之产生回应的空间充满梦幻，从而成为可能；需要继续不断地提升想象空间。我们说的大都市已经不是简单的城市

了，数以百万计的人的梦想是孕育那些怪物城市；其场所、空间功能的都已经变化了。

总而言之，对于城市的改造是我们的任务。我们的努力是为了让城市资源和生活得以改善。从人性和人类生活的角度出发，消除旧的灾难，代以新的标准去创造人的生活和人类的生活。

多利安娜·O.曼德雷丽（编），马西米里阿诺·福克萨斯，框架，阿克塔尔出版社，巴塞罗那 2001.

威尼斯双年展：马西米里阿诺·福克萨斯和多利安娜·O.曼德雷丽的大型集装视频

岩浆

我深信建筑可以为新的城市景观作出贡献，或者本身成为城市景观。城市景观从来不谈及尺度。只有在谈及与人类的关系时，才会用到尺度一词，物体或者建筑尺度巨大，因为我们人类很小；反之亦然。因为动态的缘故，水平方向显得很有意思。它随着我们的视线上升或者下降，和我们一起运动。图画与看到的事物完全不同。我从来不用"风景"这个词，我更喜欢使用"地理"。我认为地理中包含风景、经济和人类，包含了一个组织形态。它不是一个简单的分布；地理比简单的分布要复杂很多。我相信一个好的建筑师应该是一个好的地理学家。我总是试图在项目里寻找能量和动力。从这个前提出发，或许可以改变一些事情。我们能做的是到处盖房子，我们还可以盖在其他地方，但越来越困难。这就是我们的未来吗？事实上我们建造了很多东西，我们创造了城市景观，一些很奇特、有些比较有趣但大多数没什么意思。整个20世纪80年代我们都在谈论郊区。曾经那么确定这是发展方向，而现在怎么样？当然我们也可以推倒重来，但我们更可以改造、修整而不是全部推倒。不时改变建筑物的功能以适应新的需求，这是让建筑继续存活的唯一途径。我们不得不思考，当代建筑的存在时间将越来越有限，建筑设计有一个与之相对应的周期，而目前这个周期越来越短。随着地球持续的城市化，与经济价值相关的制造业、生产业已经从有价值的建筑空间中逐渐搬出，尤其是搬出了城市中心最有价值的地段。

我认为我们正处在一个强大世纪的开端。但是我们也可能会把它变成一场灾难，比我们背后的世界更糟。或许我们可以试着放弃后结构主义焦虑的"建立秩序"的典型态度，以现有、可能的方式着手向全新的方向前进。一个没有限制、没有边界且不断变化的几何形体，这就是我们的城市应该看起来的样子。岩浆里面混合了不同物质和成分，这造成了一个永久的冲突。抛开尺度的原因，我们可以联想到一个城市里的不同分区，或者在过去不同城市中心之间的对立。城市街区和乡村，新移民的困境和占据城市领地：巴黎的意大利广场是一个主要由中国或者亚洲人居住的街区；纽约的小意大利现在已经被中国社区征服了；在柏林一个很大的城区被土耳其居民占据。

城市是一个不太适合生活的地方，但它是经济、交易活动的场所，充满了致富的可能。城市令人兴奋，但也矛盾不断。

提到当代城市，我脑海里出现的是群岛般的不规则的又不受控制的建筑物。在城市中插入几何刚性物体，打断其自发的节奏：这样做唯一的结果不是建立秩序，而是陷入一个新的无序。所有的这些行为都打着"理想城市模式"的旗号。一般来说，住在现代发达城市中的普通人，像是一个独立经营的公司。靠汽车通勤，与客户单独见面，承受着社会赋予他的压力，做着他应该做的事情。所有一切创造了一个全新的世界。但问题是所有出行设备是过时的，燃烧高污染燃料的汽车、飞机不可逆地改变了生态平衡。我相信只有真正发展科技，才能改变这个现状，而这种改变仍处于萌芽状态。通过网络可以实时组织生活，构想出新社会和新建筑。基于电脑的虚拟建筑对于"流动体块"、"非定型"和建立不同建筑表现体系的超级热爱，自然地形成了奇特的有机/虚拟建筑。这就像从最微小的细节上分解和重建了生命分子结构。人们不再追求外观效果，而是分析和研究生活的结构。虚拟现实对建筑师的工作有着非常积极的意义。通过网络发出和接收实时信息，甚至不需要做出任何动作。这对学生来说非常有帮助，他们不用再被迫只听老师的话，他们可以浏览各大建筑公司网站来开阔他们眼界。唯一的问题在于最终他们可能得到的是同质化的"风格"，这是我个人一直很反对的。每天面对随时改变的现实，没有什么与我们昨天看到的完全相同。对我来说，不确定的工作十分必要，它意味着探讨其他人从未涉及的领域。我反对任何人用程式化的设计，同样的符号重复用很多年。确定性的"风格"是更让人放心的折衷主义，这样做很容易成名和被大众识别。但对我来说，设计一个尚未定义、等待创建的空间，不可想像的这个过程中没有任何阻碍和计算。为数不多的几次经验让我感到迷失。我觉得困难和矛盾是规则所在。如果空间内部没有矛盾，我就会在内部制造矛盾让它混乱。这说明常规平面是没用的，这只会降低人们习惯它的过程。如果这里不需要墙体，那就把它们都推倒，就像推到柏林墙一样，它是典型的墙的范例。

大多数时候，将"无序变有序"的想法和做法只会使情况变得更糟糕。

多利安娜·O.曼德雷丽（编），马西米里阿诺·福克萨斯，框架，阿克塔尔出版社，巴塞罗那，2001年，《崇高的无序》，马西米里阿诺·福克萨斯和保罗·孔蒂，里佐利出版社，米兰，2001.

建筑摄影

菲利普·鲁特

米兰新会展中心，罗-佩洛

毛里齐奥·马尔卡托

法拉利研究中心，马拉内罗

安吉洛·考纳特

维也纳双塔

古田胜昭

维也纳双塔

拉蒙·普拉特

都灵城门大厦展览馆

康斯坦丁·迈耶

九月十八日广场，埃因霍温

理查德·布莱恩特

香港阿玛尼概念店

建筑摄影

建筑摄影

建筑摄影

建筑摄影

建筑摄影

建筑评论

反建筑

保罗·波尔多吉席

福克萨斯

　　马西米里阿诺·福克萨斯已经成了一个可以通过建筑表达的符号。他的建筑就是他的自画像，反映出他自身的特点：有动力——在某些时候甚至是狂热；渴望获得惊人的效果和传递美好；有进行深层次的挖掘的意愿……

　　我在米兰就任院长之前，他就给我留下了印象。那些年在罗马建筑学院的教室里，福克萨斯就像是故事的主角。当时的我只是个年轻教师，他则是年轻有为又不安于现状的学生，已经展示出了有一些来自其自身力量的迹象。当然我也认识很多其他学生，像帕拉托、利吉尼，但他们后来都消失无踪了。令我高兴的是，20世纪70年代末，我看到福克萨斯的作品，完全代表了他在专业领域的优秀表现。在不确定的智力熔炉中所蕴含的那股力量，和他20世纪60年代在罗马时的表现一模一样，他的作品都在追求一个词汇。他从不安于现状、不满足于稳定或是处于确定环境中的平衡状态，凭借作品抛出颠覆性的信息。这些信息让人由这些建筑而重新思考世界。这既是其作品的价值也是它们的界限。

　　……但我的兴趣是见证这些作品，它们经由耐心、孤独与冒险而成。当一个人既不属于学院派也不属于跑江湖的"草台班子"时，他几乎承担了所有的风险。福克萨斯过着离群索居的生活，孤寂成就了他自己，并且成功地延续了古罗马建筑师的实质，即与这座城市相连，却不照搬古罗马的建筑语汇。

　　古罗马建筑有明确的传承脉络，福克萨斯得以列入其间，这条脉络具有批判性和自主性，在非常普通的形式中蜿蜒跳跃。

　　帕利亚诺健身中心的立面犹如被地震破坏过，是他众多的作品中最能表现其大胆设计的一个。建筑令观者大感意外，它可能会让人联想到斯特林的设计，但却更为实际。其倾斜的屋顶特别像福克萨斯身为建筑学院助教时，我们一起去的波马索怪物公园（Bomarzo）。这种实验很可能会成为建筑界的笑话，而福克萨斯在项目中证明了他把一个抽象概念和纯粹的讽刺转化成为一个实际而恰当的建筑的能力。

　　在我们生活空间和表达强烈情绪的空间里，建筑立面从内部看过去就像一个反抗正交结构的网格。它让我们认识到万有引力的重要，因此我们的身体可以感知高和低、左和右，以及凭此构成的每一个感知。通过观察这个建筑，人们可以反思对感知的研究——建筑伟大的传统在于去探索超凡，而不是重复已有的规则。风格主义和巴洛克风格正是根源于罗马文化的认知的反应。这表明福克萨斯在成长的道路上重新发现了罗马文化。在我看来，其职业生涯更清晰地表达了这一点。

　　……福克萨斯倾向于忽略细节，不惜一切代价展示他清晰的思想。这代表了当下意大利文化的一个极端，他以他的实力和勇气几乎独立地表达了这一方向。

　　最后我们祝贺他：他的实力、他的作品，没有让人失望，反而代表了他的深度。

皮撒尼（M. Pisani），建筑师福克萨斯，波尔多吉席（P. Portoghesi）所序，甘吉米出版社，罗马，1988.

建筑绘画

博尼托（Bonito）和奥利瓦（Oliva）的对话[1]

B： 对于未来，建筑的乐观似乎总带有着一种偏见。

　　O： 为什么这么说？

B： 因为从某种意义上，建筑是为了满足使用者生活和欲望的工作，而不是建筑师的感受。

　　O： 我倒感觉建筑师这种感情挺崇高的。

B： 但是能总是忽视建筑师和建造建筑的人吗？

　　O： 可这就是建筑的政治和道德意义所在。

B： 这是新教的伦理所倡导的奉献精神，也是建筑工人的心之所系。它可以追溯到中世纪的天主教，所有西方文明都是基于这个前提。说到哥特式教堂，挺伟大的吧，你也不知道作者是谁。

　　O： 那可能是谦逊……

B： 那也可能是特别自豪的工作。建筑是一项长期的工作，需要确保投资的稳定、排除不安全性和日常经验的阻力，以及创作的压力。

　　O： 这么说的话，从事建筑工作的都是圣人。

B： 但是挺奇怪。这么神圣的事情，为什么在20世纪建造了为数不多的大教堂或者教堂呢？想得到的就只有朗香教堂和别的几个教堂。

　　O： 今天教堂是通行空间，比如机场、体育馆、港口。从柯布西耶到康……以及福克萨斯将要做的汉堡港口。

B： 但是它们只是现下的空间而已。

　　O： 为什么不算！甚至 Cimabue 的十字架上的耶稣，西斯廷教堂、Pontormo 的下十字架的耶稣……也是当时的空间和艺术。

B： 但它们只是表达了艺术家对主题的理解，社会并没有体现在这些作品中，社会利用作品与现实之间的空白，完成和提升这些作品。

　　O： 很显然，建筑师享受对未来想象。

B： 建筑师也不都是这样。比如我欣赏马西米里阿诺·福克萨斯设计和建造的姿态，他很享受这些，别的建筑师或许也是这样。

　　O： 这又说明了什么？

B： 说明很多。比如可以看到他从忠于自己开始的对别人的尊重。他自发地设计用于建造的空间，并用活力、光线、标志和色彩充盈其中。这些是现实空间，都不是想象出来的。

　　O： 但如此的话，他的实践可能拥有的是直觉而不是设计。

B： 为什么呢？设计应该存在于冷清的设计教室和图纸之外。就像培养幼苗一样，有效地培养空间与设计。

　　O： 强调慢慢培养的有机设计的时代已经完结了。

B： 并不是这样。福克萨斯是一名后建筑师（Post-architect）。他可以将曾经鲜活的建筑进行分解、重构、循环、因借、混合，然后再次使用各种风格。

　　O： 就像一个信息的处理？

B： 作为一个独立创造者首先凭直觉，然后把他特有的创作动力用尺规付诸实现。

　　O： 我感觉这个工作比画家复杂。

B： 电影导演可以使用语言、姿态、风景，参考各种风格流派，而建筑师也可以这样工作。

　　O： 这么说，这是一种综合。

B： 对，一种综合。就像瓦格纳（Wagner）在Ou市或维特根斯坦（Wittgenstein）给姐妹设计的别墅。表现出"音乐和建筑"、"哲学和建筑"的主题。

　　O： 这个案例说明什么？

B： 从福克萨斯的设计中，我们看到了斯克法诺（Schifano）般的速度与明亮的交织。一个凭借综合所获得的简单的系统。

　　O： 但是建筑是对空间、历史和项目条件的分析。

1．阿希尔（Achille）、博尼托（Bonito）、奥利瓦（Oliva）
的文章《Achille, Bonito, Oliva的自我访谈》

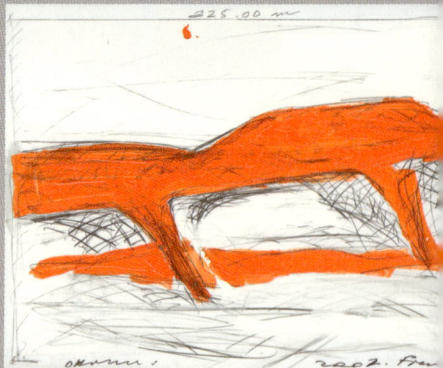

B: 就连米开朗琪罗也需要考虑所有的必要条件。

    O: 那在这样的情况下他怎么办？

B: 你看，正是高艺术质量的设计迫使福克萨斯去创造。让我来解释一下，当我们看到设计中没有明确说明建筑的具体模式，那么他就有必须通过图纸说明，从而走出杂乱和混沌的现象。就像一团乱麻，需要解开疙瘩，扯断和择清，从而真正享受其所想要的结果。

    O: 这就是经验的价值。

B: 当然。但不要先入为主的想法，而是强调做的价值。

    O: 什么因素让这些设计得以实现呢？

B: 既是设计实施的速度，也是确立设计和现实的联系。它是具体建造所需要的时间，而不是纯粹的抽象思维。

    O: 但是思想也是随时间改变的。

B: 设计是凝固的思想，是通过空间手段获得永恒的瞬间。

    O: 总之是一场想与做之间的战斗。

B: 不是战斗，而是平静的自我修炼。

    O: 对于个人而言，这可能吗？

B: 福克萨斯所做的努力说明，在设计语言上是可能的。采用几何和有机形体、光与影、昼与夜、灵与肉的选择。

    O: 我经常会通过建筑师们的服装来思考建筑，比如英国衣服。

B: 那是庄重的建筑。

    O: 建筑是凝固的空间，而不是一个行驶的搭载社会机体的公交车。

B: 这需要预见社会的需求，福克萨斯凭借自己对社会变化的揣度从而做出设计上的决定。通过敏感的设计引出了对空间可能性的方案。这是一种革新，它不再将功能强加给空间。比如之前用来居住的空间，而后再改作其他功能。

    O: 那这种类似尝毒药——如果这次大难不死，你还会尝其他的吗？

B: 这么说有点像亚历山大大帝（Alessandro Magno）。为了不会被别人毒死，他每天早上都喝一小口毒药。

    O: 建筑也是这样让人上瘾。

B: 对！为了生活，和一切有可能的方面。

    O: 这是一个非常务实的体系。

B: 可以说是一个满足需求、严肃的和富有创造力的体系。实际上，这些设计方案和建成建筑会产生一种方法和风格。它们来自于设计冲动，然后沉静在现实的体量中。

    O: 一个孤立的姿态。

B: 不！一个赌徒般的文化和实质的姿态。
同时也是融合过去与现代、东方与西方的姿态；欧洲的姿态。

    O: 为什么是欧洲的姿态？

B: 因为它源于图像，源于对空间运动的表现，与当下的生活和未来发展有关。

一幅出自艺术家之手的建筑画，最后呈现在公众眼前。

这是建筑的路程。

    纽约，1990年5月6日

        A.B.奥利瓦、马西米里阿诺·福克萨斯，蓝湖（Blue Lagoon）第6期，卡特·西克莱特出版社，罗马，1990.

蓝城

安东内拉·格雷科（Antonella Greco）

很难想象一个端坐不动的、安稳的、不知疲倦的绘图匠以无穷的风格主义手法，快速绘出纤细的图案，同时还不时修改一个蝶形图案；这种状态更容易让他激动。

装有丙烯酸的小瓶子从高处向下滴（就像波洛克？）在三四页摆在一起的纸上。他享受着从远处品味自己作品效果的感觉；轻语和叫喊，与此同时，在图上不断地写下自己此时的感受、思想和情绪（引自案例：……凌晨3：30，从埃鲁维尔来……早上出发去纽约……从牙买加返回……为了多利安娜，为了米奇奥，来、去、留、读书、画画、早上、晚上、深夜的再次出发……）。有意识地在整个设计过程中，玩世不恭而讽刺地使用一个"心"的主题；另一方面却使每个人都进入热情、压抑、印象深刻、信息复杂的巴别塔的冲击洪流之中，无论好坏都能让最不情愿的对话者忠诚地保持交流。无论是接受还是回避，人们都能感受到福克萨斯对于城市和建筑和项目的目标、印象和细节，透露出难以置信而没有任何伪装的美。一卷展开的塑形卷材就像一面墙，充满了实时显示的深蓝和天蓝色，现在还褪变出红色和金色。创造就像不间断地积攒房子、道路、城市建筑、光与影，而福克萨斯管中窥豹式地检查着设计的效果，裁剪与组成众多的"作品"。通过对现代、行为、高速、世界主义、对东京、巴黎、纽约、对飞机、视频、手机……的不断颂扬达到极致；同时也伴随着悲伤的记忆：储气罐、法尔内塞广场、蒙特维多、花乡。这些反映在福克萨斯那里，就是20世纪50年代失意画家们的罗马，罗马里的火星。才华横溢却不为人知的诗人、评论家和收藏家代表了非罗马人，他们住在蒙特维多和市中心之间的市区边缘的绿化带里。于是诗人卡普罗尼（不可多得的敏锐的小学老师，后来有了第一笔钱，想在萨索里尼附近买一个真正的资产阶级的房子）；乔治·卡斯泰尔弗兰科，收藏家，德·基里科的朋友；德·基里科，福克萨斯似乎整个下午都在他那里看磨颜色。当扎瓦梯尼，艾沙·米兰达的室友写了一整部关于圣安吉拉美丽齐大街的史诗，故事徘徊在诺曼塔那和提布尔提那之间，在布兰克路和阿涅内河之间。那时候的福克萨斯大约不超过5岁。

说到福克萨斯，人们首先接触的是他的成功。他一直都是桀骜的达达主义者（亚瑟卡拉万Arthur Caravan神话：他用肉店的包装纸写攻击巴黎人的文章发表在报纸上，是业余拳击手，娶了米尔娜，最后在墨西哥湾自尽）。现在，他是最著名的建筑师之一；他是国际舞台上的主角，活跃在设计竞赛、评审团或者成为获奖者，重要的是，他决定着城市的命运。

安东内拉·格雷科（A. Greco），福克萨斯，蓝城，卡特·西克莱特出版社，罗马，1990。

无建筑

多利安娜·O. 曼德雷丽（Doriana O. Mandrelli）

福克萨斯的所有设计不仅是把建筑置入特定的文脉下，而总是描述着轨迹。他的建筑不是用来被凝视，而是作为城市的构件供人游历。这些设计总是引起人们的情感反应。人们发出由衷的赞叹，因为它们让人重燃梦想。不同语言的混合（虽然与建筑相关），尤其是绘画和电影语言的混合，与政治考量一起，产生出蒙太奇风格；虽然每一片段都有各自的意图，但总体又可以在任何方面发挥作用。在福克萨斯的设计中，从来不存在一个固定的视角和一个预设的观察方式。建筑的每个元素都是一系列异质且常常发散的视角的结果。正是出于这个原因，他的项目常常不是很上镜，因为固定的镜头使建筑成为静态的图像，而他的项目显然更偏向于电影般的动态摄影。

他的作品很难归类，在任何条件下，似乎只有归为建筑才合适（也许福克萨斯正可以反对建筑的特定分类）。这就好像他喜欢玩句法，为的是打破任何元素、信息的既有组合。他的项目中总是试图不断地改变建筑的内部与外部空间，一直到深层次的部分。这些革新并不仅停留在设计阶段，甚至在施工现场也还会继续，重要的是知道何时停止。"无建筑"的结果难以归类，但是它总是随张力而变化，有时似乎即将破裂。这是他成功地强化他的观点和确定不迷失方向的方法。

P. 布鲁米利斯和多利安娜·O.曼德雷丽（编），《中世纪：马西米里阿诺·福克萨斯建筑设计作品集》，达达特虚拟画廊出版社，佛罗伦萨，1997。

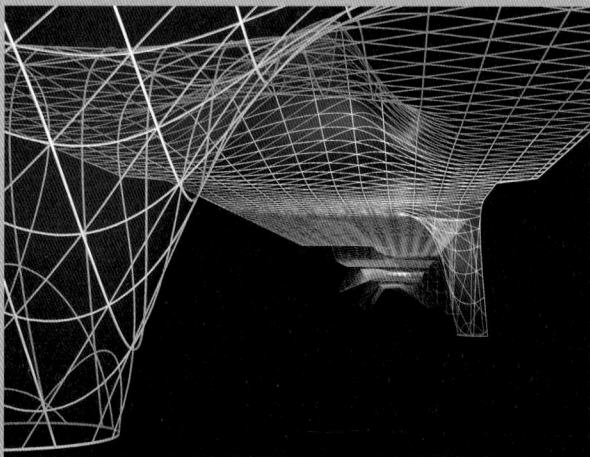

M. Fuksas con P. Conti, *Caos sublime*, Rizzoli, Milano 2001.

M. Fuksas, D.O. Mandrelli, *Forma, la città moderna e il suo passato*, a cura di A. La Regina, Electa, Milano 2004.

M. Pisani, *Fuksas architetto*, Gangemi Editore, Roma 1988.

A. Greco, *Fuksas, Blue Town*, Edizioni Carte Segrete, Roma 1990.

A.B. Oliva, *Massimiliano Fuksas, Blue Lagoon n° 6*, Edizioni Carte Segrete, Roma 1990.

P. Goulet, *Massimiliano Fuksas, 60 projects*, Institut Français d'Architecture, Edizioni Carte Segrete, Roma 1992.

R. Lenci, *Massimiliano Fuksas. Oscillazioni e sconfinamenti*, "Universale di architettura" (collana diretta da B. Zevi), 5, Graf Art-Officine Grafiche Artistiche, Venaria 1996.

D.O. Mandrelli, M. Riposati (a cura di), *Massimiliano Fuksas. One. Zero Architectures*, Editoriale Giorgio Mondadori, Roma 1997.

P. Brugellis, D.O. Mandrelli (a cura di), *Middle Age. Progetti e architetture di Massimiliano Fuksas*, dadart Virtual Gallery, Firenze 1997.

D.O. Mandrelli (a cura di), *Massimiliano Fuksas, Frames*, Actar, Barcellona 2001.

L. Molinari (a cura di), *Massimiliano Fuksas, La nuova fiera di Milano*, Skira, Milano 2005.

L. Molinari, *Massimiliano Fuksas, Opere e Progetti 1970-2005*, Skira, Milano 2005.

著作权合同登记图字：01-2021-1593号

图书在版编目（CIP）数据

马西米里阿诺·福克萨斯/（意）安德烈·卡瓦尼编
著；杜军梅译. —北京；中国建筑工业出版社，
2021.8（2023.3重印）
（经典与新锐. 建筑大师专著系列）
书名原文：Massimiliano Fuksas
ISBN 978-7-112-26324-0

Ⅰ.①马… Ⅱ.①安… ②杜… Ⅲ.①马西米里阿诺
·福克萨斯—生平事迹 Ⅳ.①K835.466.16

中国版本图书馆CIP数据核字（2021）第138351号

Original title: **Massimiliano Fuksas**
Original Edition © 2020 24 Ore Cultura s.r.l. - via Monte Rosa, 91 - Milano
Simplified Chinese Copyright © 2021 China Architecture & Building Press

本书由意大利24小时出版社授权翻译出版

责任编辑：姚丹宁
书籍设计：张悟静　何　芳
营销策划：黎有为
责任校对：张惠雯

经典与新锐——建筑大师专著系列

马西米里阿诺·福克萨斯
MASSIMILIANO FUKSAS

【意】安德烈·卡瓦尼　编著

杜军梅　译
王　兵　校

*

中国建筑工业出版社出版、发行（北京海淀三里河路9号）
各地新华书店、建筑书店经销
北京锋尚制版有限公司制版
北京富诚彩色印刷有限公司印刷

*

开本：889毫米×1420毫米　1/32　印张：3¾　字数：170千字
2021年11月第一版　2023年3月第二次印刷
定价：78.00元
ISBN 978-7-112-26324-0
（27574）